识干家

企業閱讀　學以致用

从菜鸟到精英

从一般到卓越

药店导购必读

引爆药店成交率①

店员导购实战

范月明◎著

中华工商联合出版社

图书在版编目（CIP）数据

引爆药店成交率．1，店员导购实战/范月明著．—北京：中华工商联合出版社，2015.8

ISBN 978-7-5158-1401-8

Ⅰ.①引…　Ⅱ.①范…　Ⅲ.①药品－专业商店－商业经营　Ⅳ.①F717.5

中国版本图书馆 CIP 数据核字（2015）第 191637 号

引爆药店成交率 1：店员导购实战

作　　者：范月明
责任编辑：于建廷　臧赞杰
责任审读：郭敬梅
封面设计：久品轩
责任印制：迈致红
出版发行：中华工商联合出版社有限责任公司
印　　刷：河北宝昌佳彩印刷有限公司
版　　次：2015 年 10 月第 1 版
印　　次：2019 年 12 月第 3 次印刷
开　　本：710mm × 1000mm　1/16
字　　数：200 千字
印　　张：14.25
书　　号：ISBN 978-7-5158-1401-8
定　　价：52.00 元

服务热线：010－58301130
团购热线：010－58302813
地址邮编：北京市西城区西环广场 A 座 19－20 层，100044
http：//www.chgslcbs.cn
E-mail：cicap1202@sina.com（营销中心）
E-mail：gslzbs@sina.com（总编室）

博瑞森图书：企业阅读　本土实践

亲爱的读者朋友：

也许您是博瑞森图书的老读者，也许是新朋友，欢迎您阅读博瑞森图书！

当今中国，各行各业都存在着转型升级的压力与机遇。博瑞森图书与您一同应对转型挑战并发现其带来的机遇。

我们一直在问：什么样的书能为您解决管理难题并带来启发？

我们一直在找：哪些作品能帮助企业从跟随到领先？

我们一直在做：把最好的作品以最便捷的方式呈现给您，纸质版、电子版、书摘邮件、微信……

我们策划图书的原则是：

- 企业阅读——与您一样，做水中的游泳者，而非岸上的观众或教练，企业的困惑就是我们的任务。
- 本土实践——与您一样，立足本土环境，追求卓越实践，传播最适合当下中国企业的管理之道。

我们也向所有的企业管理者、管理咨询专家和企业研究者征稿，让更多被实践检验的好思想、好方法迸发出来，为企业助力！（bookgood@126.com 或 QQ：1963328416 或手机号（微信号）13611149991，绝非“自费出书”，不向作者收取任何费用）

如果有一天，您把博瑞森图书视为您优秀的事业伙伴、管理助手，我们也就实现了自己的梦想。

博瑞森图书

自　序

对于药店人来说，有一个问题每天都在面对，那就是我们每天都会站在顾客面前。当我们站在顾客面前时，我们在想些什么呢？一般情况下，进店的顾客中多数是我们不熟悉的，而且顾客往往在店时间也就只有三五分钟，在短短的几分钟内，你不认识他，他也不认识你，他凭什么相信你呢？

深度的信任会令一些顾客只认我们门店的某个药师或员工，也会令一些顾客不远十几里路赶往某个店，只为在他“喜欢”的那个店员那里买到药，是什么“技术”令顾客对某些员工产生了依赖？

这个谜底，本书将会为您揭开，里面的文字也将颠覆我们的导购理念，书中，笔者以亲身经历分享了真实可落地的成交实战术，用心领悟，会为自己的人生打开一扇新的大门。

关于导购，从顾客角度来看，顾客凭什么愿意来我们门店而不去选择其他店或网店，顾客凭什么信任我们并采纳我们的专业建议？

从员工角度来看，要解决这个问题，需要从导购细节、顾客心理、专业表达、知识结构去剖析，也需要通过训练、分享、传帮带、现场氛围控制等方式来实现，但是这一切真的那么难复制吗？

对于我们运营管理者来说，要提高成交率，特别是多品种与高单价产品的成交率，又该用怎样的高效技术与管理思维来操作呢？

这些疑惑，本书与其兄弟篇《引爆药店成交率2：经营落地实战》都将通过实例一一为您解答，所有的文字都来源于笔者一线的真实经历，通过笔者临床医学与工商管理的双理论，十余年由药师至中高管理层工作经验，执业药师与医师双资格过滤，输导出“到店就可用”的方法与技巧。笔者深信，读者潜下心来看，这本书定会帮您重建心态，开拓视野，深化技能，解决实际难题，带来业绩倍增。当然，事在人为！

成书的过程，是一个异常艰辛的过程，不过也是令自己充满向往的一段的旅程。

在动车、飞机上，在凌晨、午休时间……都有这些“文字”的气息，过程虽辛苦，不过“采得百花成蜜后”，笔者希望这本书能真正帮助药店同仁工作得更好，收益也更大！

时代在改变，药店也在改革，从商业模式到品类管理，从慢病方案到大健康，从营销到培训，我们努力的根本就是为了改善交易结果，也就是利润，利润的产生需要 PB 战略与品牌合作，需要零售技术，更需要将“供应链”上所有人的努力转变成门店现场的“真金白银”，而本书就是立足于改善我们现场导购的成交率，引出利润爆发点，让我们一起来创造这条向上延伸的业绩曲线吧！

目录

Content

第一章 心态对了，工作就好做了

第二章 职业化促进成交

第三章 不同的顾客要差异化

第一章

Chapter 1

心态对了，工作就好做了

1. 药店导购分四个层级

康辰是Y药店的店员。大家都说店里李姐导购特别厉害，总是能够卖出去很多东西。但是在康辰看来，李姐的嘴上功夫确实很牛，但是总让人感到功利心太强，在与同事相处中也表现出了这一点。康辰常常反思，难道像李姐这样的人就是药店导购高手吗？如果真的是这样，那没有比李姐更厉害的人了吗？况且李姐的做法并不太令人满意。

都说销售做到最后谁都不服谁，这就好比练武，门派不同，道术有异，但是水平高低拉出来比试一下就能看出来。不论学哪一门武艺，到最高的层级都是修心，其实，销售是同样的道理。在门店看上去很厉害的少数高手，有时只是会了功夫，但是心没到，其造化终究受限。在门店导购中，我们按照员工的能力素质、情感力量、心态及对企业、产品与自我的认同度，将员工分为四个层级。员工处在不同的层级，对药店一线工作的理解就不同，其销售业绩与个人成就感以及个人价值都不同。

那么，到底分为哪四个层级呢？如图1－1所示。

第一层：技术层。不少药店人目前正在努力提高自己的专业技能，其提升的范围就是在这一层。从知识与技能角度来说，这一个层面分专业知识与销售技巧。专业知识包括常见病专业知识、实用药理学知识、中医中药等；销售技巧多以沟通技巧为主，而在沟通技巧中又包括语言表达与非语言表达等。我们目前所做的培训多在这些领域。

很多药店人通过不断训练与经验积累，并随着阅历渐深，技巧会越来越娴熟，但是也正因此，许多人停留在了这一层。比如上面案例中的李

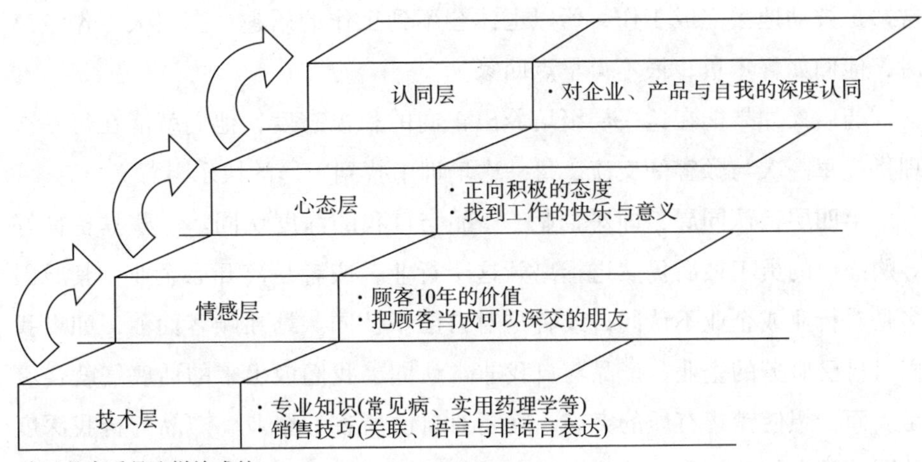

图1-1 药店导购四层级理论

姐。李姐若要有更大的突破，需要转向对顾客情感的服务，这也就是导购中的第二层。

第二层：情感层。只有为数不多的同事能看破这一点，就是在销售中提供情感服务。多数同事只将顾客当成顾客，除了简单而必要的交流外，没有把顾客当成是一个可以深交的朋友。在这一点上，需要剖析其深层原因，才能唤醒药店同仁对顾客的情感服务意识。

例如，A企业一位老顾客10年的价值是8000元。也许这一次，这位顾客只买了20元的东西，假设我们只提供给他买20元商品所对应的服务，那么，这个服务与我们把他当成一个价值8000元的顾客所提供的服务相比，相信我们都能感受到不一样，顾客同样能感受到，这里面的根本区别就在于有没有情感服务。也许，当我们的同事觉得面前是一位绝对的VIP时，我们可能会更关心他、在意他，更愿意与他交流。其实，这个过程并没有花费额外的精力，关键在于有没有提供情感服务的意识，而这就是第一层级与第二层级员工的根本区别。

第三层：心态层。有一些同事每天接触顾客，导购能力挺好，也能提供必要的情感服务，但是他们觉得很累。因为他们觉得这是在应付工作，常常是被动地去完成工作，所以也体会不到工作的乐趣。当一天工作结束时，他们如释重负，恨不得早点回家。

药店人如果能在这一层级培养出正向的积极态度，他们就能在每一次理货、每一次与顾客的交流、每一次培训中找到工作的快乐与意义。

第四层：认同层，即对企业、产品与自我的深度认同。一些具备良好导购潜质的员工最后仍然选择离开这个行业，或者是离开原企业，其原因多是对行业或企业不认同，或者是对自己不认同。站在顾客面前，如果我们对自己服务的企业、产品与自我非常认同，我们说出来的话底气就会更足。而要想使销售有质的突破，就要对自己所在的企业、产品与自我深度认同，唯有如此，我们才能专注于眼前顾客，而不会陷入与顾客一样的怀疑、否定与不确信的状态中。

当我们对自己所在的企业、产品与自我深度认同时，就会事事以结果为导向，而不是以到时就下班的程序为导向，自然带来的顾客满意度与工作状态就有天壤之别。

说得简单一点，真正的高手都是非常喜欢自己岗位工作的人，而当我们拥有更多优秀品质时，在导购中也会得到更多顾客的认可与喜欢。

我们再把这四层级具体化一点。我们每天都会进行关联销售，其实，很多员工关联销售的行为停留在第一层，所以，尽管他们很努力，但是顾客似乎并不买账；而能提升到第二层时，顾客就开始更愿意听他们的；到了第三层，员工已经把工作当成一种有意义的乐趣，把与顾客交流当成一件非常有意思的事，此时根本就不必担心关联的结果了；而若能修炼到第四层，则“摘叶飞花，皆成兵器”，也就是我们所说的，这些员工所到之处，尽是企业文化的痕迹，因为他们已成为企业文化的传播者，他们是企业的忠实粉丝，也是他们将自我价值与企业融为一体的呈现。换而言之，他们在企业与工作中实现了自我价值，这是一件很幸福的事！

工作就是在修炼，我们修到哪个层级，就会表现出哪种状态。状态不同，人生的结局也将不同。

2. 三层推荐，你在几层

永健是Q药店的店长。永健在观察店内员工导购状态时发现，有些“高手级”员工总是能推荐成功，而且顾客还能开心，而有些员工却总是不敢推荐，怎么会有这么大的区别呢？

员工的推荐力其实也是有级差的，我在这里以顾客意愿和员工意愿来进行分类，将员工推荐力分为三个层级（见图1－2）。

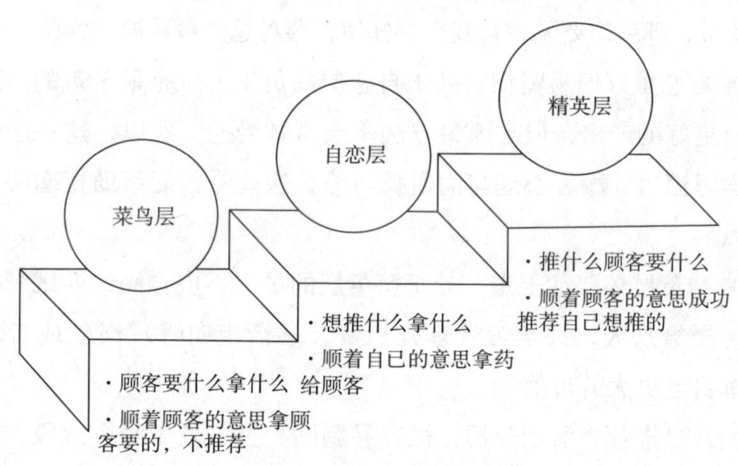

图1－2 推荐力级别分析

第一层：菜鸟层。处于这一层的员工往往是顾客要什么就拿什么，顺着顾客的意思拿产品，不置换，也不推荐。即使推荐也是“假性”推荐，就是随便说一句，心里却没有当一回事。缺乏自信的员工和大多数新员工往往处于这一层级。

第二层：自恋层。这一层的员工开始注重业绩与自己的收益，所以，他们有较强的主动推荐意识，但又过于着急。从内心角度而言，这些员工在乎自己想推的产品，而较少考虑顾客的感受，也就是说，他们是顺着自己的思路去推荐。个人目标意识强、有一定工作经验的员工往往会进入这一层级。

第三层：精英层。一些药店人开始不断优化自己的技巧，最后少部分人会进入这一层级。他们在导购时，推荐较易成功，其准则往往是顺着顾客意思，但最后却能成功推荐自己想推的产品，这个过程充满智慧与技巧。在行业里打拼时间长且坚持不断学习的员工会进入这一层级。

员工处于不同层级，他们的个人产出与价值也有很大区别，当然，层级越高，个人收获会越大。我们重点说一下如何从低层级向高层级蜕变。

（1）不做菜鸟做精英。对于菜鸟层的员工来说，最重要的是树立信心，借由专业知识的学习与多看他人如何做可以快速摆脱这种困境。当然，如果是心态所致，那就需要调整自我，要知道，菜鸟总是最易被“淘汰”掉的。

（2）自恋虽好但易受伤。处于自恋层的员工上班是最辛苦的，因为他们总想有更好的产出，但是因为方法不当常常受挫。所以，这一层级的员工需要学习销售、顾客心理与沟通技巧等，这些课程能帮助自恋层员工找到平衡点。

（3）精英层还要往上走。处于精英层的员工不应自满，要试着将自己的技巧传授给别人，并学习管理知识等，逐渐走向管理岗位或者培训岗位，发挥自己更大的价值。

我们通过推荐力级别分析，很容易判断出员工处于哪个阶段，这对我们实施培训、设计带教计划、安排合适的课程都有帮助。如果是眉毛胡子一把抓，不管员工处于哪个层级，只要有培训就按人头安排，对学员来说，无法最大化其成长收益。而且，这种分析比起单纯只按司龄或工作年限的区分更有实际价值。

对于员工来说，清楚了自己在哪一层，就知道了自己的问题在哪儿，更容易实现向高层级的蜕变。

3. 推荐别怕被拒绝

曼思是G连锁药店有限公司N店的店员。店经理要求大家对每个顾客都推荐VC，但是曼思推荐之后总是感到很沮丧，因为常常被顾客拒绝，这种挫折感令药学专业毕业的曼思心里面很难承受。曼思也暗自怀疑，到底这种对所有顾客都推荐的方法有没有用？

曼思遇到的是一个药店人都比较常见的问题，那就是针对重点品种向每个顾客进行推荐，这种推荐的成交率有多少？是否真的有必要对每个顾客都推荐？为什么总是被顾客拒绝？我根据在一线积累的经验做了一个粗略的估计，希望以下成交的数据对药店人的工作有帮助。

（1）营养素成交率。正常的水平大概在5%左右，也就是说，一天来50个顾客，如果每个员工都坚持做到100%推荐，有2~3个顾客会接受。当然，这里面不包括顾客直接来要营养素的。虽然只有2~3个顾客接受推荐，以每个顾客只买150元的营养素来计算，也就是300~450元；当天50个顾客，以平均客单价40元来计，全天营业额也就是2000元，这样营养素销售额的占比达到了15%~22.5%，这一占比已经相当可观了。如果员工做不到100%推荐，只是对其中一部分顾客推荐，则其成交的顾客就更少，比如只对20个顾客推荐了，结果当天可能就只卖出一笔营养素单。

当然，5%这个水平只是针对大多数药店人来说的，有些专业与销售能力都较强的员工成交率可能会提高到10%~20%。如果店里面的营养素销售氛围较好，则整个门店的成交率可能会较高。也就是说，坚持推荐的确能实现销售。当然，要提高成交率需要注意方式方法与技巧，不过，这不是本节要说的内容。

（2）关联的小商品成交率。有很多大家都没有在意的小商品其实成交率很高。以棉签为例。夏季皮肤病高发，很多顾客会到店里来买外用药膏。只要员工坚持对顾客说“带一包棉签吧，可以防止交叉感染，只要两三元”，这种推荐的成交率就会很高。排除顾客自己家里面有的情况，其成交率在60%左右。当然，店员之间也会有差异，但至少可以说明，只要每个员工都这样做，结果就会使门店的客单价提升。

很多人都想去做营养素大单，但是大单的机会相对来说不多，且要费时去磨出来，而这样一些小金额的商品成交率高，只要员工都有坚持说的习惯，则对门店业绩改善也是有益的。类似的小商品还有小瓶的VC、复合维生素B、牛黄解毒片等，具体的品种可以自己去挖掘。

（3）收银台商品成交率。这是一个行业秘密，也是一个公开的秘密，不只是在药店，其实在很多零售场所，都有这种收银台的一句话推荐。就药店来说，依我的亲身经历，其成交率在10%左右。当然，收银台的商品不止一种，我们常推的有VC泡腾片、枇杷糖、枸杞、面膜、牙膏等，这个10%是指所有商品加在一起的，也就是说，顾客不要这种，可能会要另外一种。具体的收银台商品因企业不同、季节不同，选择的品种也不同。

（4）明星商品成交率。明星商品就是我们想培养的商品，当然也是应季与主推的商品。明星商品的成交率大概在15%左右。因为大家的关注度都较高，而且符合顾客需求，所以其成交率相对较高，关键是员工对产品的卖点要非常熟悉。

另外，我们还可以考虑到的是疗程用药的推荐成交率、促销买赠药品的推荐成交率等，这些常用的提升客单价的方法有一个共同的要素，就是员工要不怕被拒绝，同时又能很巧妙地不让顾客反感。所以员工在导购时诚恳的态度加上给顾客更多的饮食建议、温馨提示、生活常识等就显得非常重要，而这些知识都是需要员工去学习与积累的。

当我们了解了推荐的成交率，就应坦然接受顾客的拒绝。事实上，很多情况下顾客确实是不会接受的。但是只要做到我们所能做到的，讲清楚，解释到位，注意引导技巧，那么，顾客购买就是水到渠成的事了。

4. 创造性成交不是厚脸皮

柏子是J药店的店员，老板总说，要坚持向顾客推荐，生意才会好。可是，柏子觉得，顾客都没有提出购买的想法，去推荐感觉好像厚着脸皮去推销一样，多不好呀。

柏子的这种心态，药店零售人会有同感，觉得推荐产品不是药店人应做的，而是推销员应做的。真的如此吗？

其实这里也涉及消费者心理分析的问题，从购买意愿强度上来区分，顾客分为下面三种。

（1）明确型。柏子所说的主动提出购买想法的顾客是明确型的，他们往往直奔目标商品，过程简单，可能会很快就结账。

（2）了解型。这类顾客对自己购买的具体商品并不明确，只是有某种需求，来看看能否找到适合自己的产品。

（3）无目的型。这类顾客到店来只是逛一逛，没有任何购买目的，可能就是为了等公交车，或者是放松一下。

在导购时，如果仅仅只会导购明确型的顾客，那么，就是处于低水平的导购状态。引导顾客的关键在于主动推荐，而非被动等待。这里的主动推荐意识并不是所谓的厚脸皮，而是敏锐的发现能力与销售意识，其实并不是一定要卖东西给顾客，只是要做到主动推荐。

面对三种不同类型的顾客，导购时也需要区别对待。

（1）明确型顾客。针对这类顾客，导购一般比较容易，关键不在于导购顾客点名要买的东西，重点在于关联适合顾客的其他产品。面对购买意愿明确的顾客，我们询问清楚既能避免顾客买错药，且通过主动了解也能发现顾客其他的潜在需求。所以，主动引导在这里并不是厚脸皮。

（2）了解型顾客。这类顾客只是抱着试试看的想法，买不买完全看营业人员是否推荐了称心如意的商品，因为顾客的购买意愿并不是非常强烈。所以，我们在导购时要营造出产品特别适合顾客的意境，让顾客觉得的确需要买这个产品。这个过程，顾客会否定，因为他们自己也不太确信，如果店员因此就放弃了，自然不会成交。通过坚持引导与顾客案例的分享，往往能扭转顾客心态，使其产生购买行为。在这里，坚持是一种韧性，不是厚脸皮。

（3）无目的型顾客。对这类顾客吸引力最强的往往是冲动性消费品、季节性商品，或者具有流行元素的产品。在引导顾客时，需要给他们一些方向，可以具体指出某些商品目前有很多顾客在买，比如阿胶、花茶等，这些商品说不定能刺激顾客试试的想法；也可以通过现场体验，比如，让顾客感受一下熬固元膏的氛围、试用一下护手霜、喝一杯花茶等，通过这些促销行为诱发顾客的购买兴趣，引导他们转向购买。在这里，积极的引导、试用等是创造性的销售行为，不是厚脸皮。

目前，零售药店遇到的商业挑战越来越大，在实体店工作中，再也不能只是停留在被动待客、点名取药的模式中，而是需要创造性成交、合理置换与转化，这不是厚脸皮，而是积极的销售心态。

5. 自我沟通每天创造奇迹

健宁是J药店的店员，店长说，每天都要完成某些单品指标，比如营养素，每人每天要卖出去至少200元。健宁心想，那怎么可能？顾客要不要又不是自己能决定的，这简直就是天方夜谭。

健宁的话不无道理，的确，我们不能保证每天会来什么样的顾客，因此，又怎能保证每天都卖得出去营养素呢？每天都卖出去营养素到底难在哪里，我们分析一下其真实的原因。

（1）偶然性大。的确，在推荐过程中，顾客能不能接受是有偶然性的，因为我们的判断只是一个大致评估。不过，这种偶然性却可以用我们的坚持转变成每天的必然性。

（2）客观原因。要是今天下雨了，进店的顾客就很少，销售的机会也少，要在这样的时候也完成任务，实在是难呀。

（3）主观原因。员工从内心深处是否认同、是否愿意卖当然也会影响其销售的积极性，并且决定最后的结果。

但是，不少药店同仁却有许多每天都创造奇迹的案例。

一次在培训中，有一位营养素销售高手分享经验时，就说到自己每天坚持学习专业与销售知识，把握顾客心理，相信自己，同时每天都会给自己定较高的任务，向每个顾客都推荐，不轻易放弃。她真的每天都会卖出去，虽然并不一定每天都会达标，但是一个月下来，却与自己的目标基本吻合。

她的这些做法我非常认同，这里可以复制的经验是什么呢？

（1）心态。对于销售人员来说，自我心理沟通是非常重要的一个环节。每天员工给自己怎样的心理暗示，对其当天的销售行为会有相应的影响，这也正是我们应引导员工多培养“阳光思维”的原因。每天给自己更多的正面鼓励，比如：相信这个顾客会接受自己！被拒绝也没什么大不了！相信今天又将是一个创造大单的日子！每天自己的努力都会有人看得到，至少自己看得见！到最后一刻也不轻易放弃……

（2）知道≠做到。有一次，通用电器总裁韦尔奇先生受邀给中国的高管们讲课，课讲完后，高管们问：“韦尔奇先生，您说的这些道理我们都懂，可是到底您有什么管理的秘诀呢？”这时，韦尔奇先生说：“是的，这些道理你们都懂，可是我做到了。”是的，很多的销售理论、关联方法、专业基础知识等大家都知道，可是有多少同仁坚持向每一个顾客都说少吃辛辣刺激性的食物、注意锻炼身体等这些最基本的东西呢？

知道并没有价值，做到才有，正如上面那位营养素销售高手同仁分享的那样。

（3）持续性技能优化。停滞不前就是倒退。知识与信息更新飞快，员工不优化自己，就会成为“近效期员工”，也将被下架。所以，要让自身保持优势，需要持续性地学习知识、提高技能。

每天的指标细化并不是空洞的，而是有着极明确的意义的，但是这需要员工配合销售，才能将每天细化的任务落地。如果说每天都卖出去重点单品、卖出去营养素是奇迹的话，那么没有别的窍门，只有良性的自我沟通、持续提升自己，加上付诸行动，才能让我们每天都是奇迹的创造者！

6. 主动传播，种“善”自有收成

苑子是R药店的店员。那天，一个顾客来买治疗便秘的药，苑子在导购过程中向顾客推荐了合适的营养素，顾客也不反感，但是苑子说了将近半个小时，最后顾客还是没有买，只买了自己想要的药走了。在一旁的店经理天菊安慰她道：“也难为你了，没事的，经常说说，有些顾客后来会认可的。”苑子听了会心一笑。

子圣是W药店的店员。在一次巡店时，区域经理白丹问子圣：“像这类常见病的温馨提示不是培训过吗？刚才导购的时候怎么不跟顾客说呢？”子圣回道：“说了顾客也不会听，干吗还说呢？”白丹说：“不管顾客听不听，我们要做到健康宣传，而且我们还可以介绍一些营养素产品。”子圣也来劲了：“你就看那人那样，会买营养素吗？”白丹被气得无语。

这里面的“火药味”在不少管理现场都存在。乍一看，子圣说得很有道理，每一句话都显得异常现实而“理性”，但是，子圣所言是否真的无可辩驳呢？

随着大健康时代的到来，健康产品的理念深入一部分药店人的内心，但是多数顾客并不了解，即使了解，也只是“围观”而已。所以，存在员工向顾客说了很久，但是顾客最后还是不接受的事实；同时也有一些员工因此不愿意推荐，包括一些对顾客有益的生活提示、健康知识都懒得说。我不禁想问一句，大健康，到底需要药店人做些什么？

要说清这一问题，先得分析一下“员工不说”的深层原因：

（1）不会说。面对顾客不同的情况，我们的温馨提示也是不同的，结合顾客的具体情况说出对顾客有益并用得着的知识，包括疾病常识、防治要领、食疗经验与心理调整，这些知识也需要药店在做培训时不断地进行强化，确保员工会说，才能说得出。

（2）说得累。正如前面导购案例中苑子的遭遇，这对药店人来说再平常不过了，说得口干舌燥的确很辛苦，因为累而且不知道结果怎样，因此，一些同事选择了回避。

（3）说了也不买。说得累有成果，药店人还是很欣喜的，然而现实往往很残酷，员工费了老大劲儿，但是顾客不理会，这令一些员工导购时也对“大健康”心存怀疑，望而却步。

在这样的现实面前，药店又该如何思考、怎样去做呢？

（1）健康教育是一个慢过程。我的母亲吃得咸，得了高血压之后，旧习仍是不改。我打电话或每次回家时都要跟她老人家说，少放点盐、少放点盐，高血压对身体有什么危害等。说了好些年，才稍微有些效果，一个人的观念要改变是如此难，我们面前的顾客也是这样的。

在门店导购时，我们遇到过不少顾客，说了几次之后他们终于认同了，买了营养素。在我看来，关键不在于其是否买了产品，而是当我们与顾客交流时，即使顾客不买东西，我们也应向顾客说明自我药疗、健康养生、饮食注意等事项，这样做的意义是帮助顾客远离“亚健康”，提早预防并发症。这些“干预”行为比到后期出现更严重的疾病再治疗容易得多、便宜得多，患者的生命质量也高得多！

而这个过程是一个扭转观念的过程，更是改变行为的过程，好比要让一个不运动的人养成运动的习惯，需要不断陈述利弊、慢慢培养方能形成，我们在导购时，需要门店员工都去做这样的“义务传播者”。

（2）合力才“给力”。健康教育不是门店某个员工做得好就行，一家门店的营养素卖得好不好，需要整个团队都有这种主动传播的习惯。放大到企业，管理者也应多组织员工培训、社区活动、患者教育讲堂等活动，只有大家一起来行动，才能使更多人“活得优，活得长”。

(3) 爱心体现。不知药店同仁是否会向家人传播疾病与健康、营养与饮食知识，我相信应该会，因为这样做对家人有好处。事实上，我们同样对陌生的顾客宣讲，也是爱心的体现，是一种值得称道的行为。再说了，医生工作量大，顾客在医院里是很难得到详细解说的，药店人正好可以承担起这种“细说药品，解除顾客疑虑，防患于未然”的角色，这也是我们的职责所在。

(4) 自我价值。有一些购买营养素的老顾客，刚开始也是“打死我也不买”，后来尝试了一次，发现对自己有用，于是成为忠实粉丝，而且来店里总要说些感谢的话。其实，类似于这种将顾客从怀疑拉向信任的过程也是药店人的价值所在。

我曾仔细观察过不少公司老总，也留意过很多同事，发现不少人都处于“亚健康”状态，有很多人看上去比实际年龄老，这些“老”的症状也许是健康透支的一种表象。许多同仁得知我的年龄后都深感诧异，说比实际岁数年轻许多，我听了自是高兴，但能做的解释是：因为有健康的观念；因为不抽烟，少喝酒；因为坚持锻炼身体；因为饮食注意均衡，不图口舌之快……是的，我们的相貌只是我们内心观念的呈现，健康如此，人性亦然。

在新版 GSP（《药品经营质量管理规范》的英文缩写）操作细则中，药学技术人员的工作范围里有“向消费者传播自我药疗及保健知识，积极参与疾病预防管理，促进消费者身心健康”这一内容，在我看来，这不只是药学技术人员的事，也是所有药店人的事。所有药店人都应一致坚持主动传播，才能推动大健康这个“大车轮”更稳更快前行。

是的，让我们都成为大健康时代的“传播天使”吧！

7. 点亮三个导购盲区

让我们先来看看两个员工导购同一病例时不同的表现：

案例一：A 员工接待

顾客主诉：天凉了，关节就痛了。

店员（一边看自己的手机）：关节痛，哦，那你拿一盒膏药贴一下吧。

顾客：哦，什么膏药？

店员（拿给顾客）：就这盒膏药！

顾客：有没有用？

店员：你就拿这种好了，这种膏药是好的。

顾客：多少钱？

店员：这种不贵，这种好的，你就拿这种吧，到那边付钱！

案例二：B 员工接待

顾客主诉：天凉了，关节就痛了。

店员（看顾客年龄约 50 岁）：阿姨，哪个部位痛？

顾客：这两个膝盖骨经常痛，变天的时候痛得更厉害！

店员：您以前服用过什么药？

顾客：痛得受不了就吃点止痛药，还好的话就贴点膏药。

店员：您这次痛得厉害吗？

顾客：痛得很厉害！

店员：嗯，那一定很难受！另外问一下，您对什么药过敏？有没有高血压等？

顾客：那倒没有。

店员：根据您的情况，初步判断可能是骨性关节炎，这是上了年纪的人常有的毛病，建议您拿……

同样的病情却有两种完全不同的导购场景，我们都能感受得到哪一种更好，但是不少顾客得到的接待却正如A员工所引导的那样。在这里不讨论结果有何差异，只分析实际导购中存在什么问题，该如何建立正确的导购思维。

A员工接待中存在三个误区。

（1）一直在控制顾客。A员工没有帮助顾客分析一下病情，而只是不断地说“你就拿这种吧”，企图控制顾客早点买单。

（2）漫不经心。A员工在导购中，不但没有认真询问与聆听，而且还干“私活”——玩手机，这种状态是很难明白顾客到底在想什么的。

（3）不在乎顾客的疾病感受。顾客说了自己关节痛，身为店员，听到这句话“麻木”了，直接就拿药，把与顾客的交流当成了买卖交易。

当然，还有其他的问题，但是在我看来，这三个误区是很要命的，身为药店工作人员，应杜绝这种“没有人情味”的导购。该如何引导呢？

（1）帮助而非控制你的顾客。销售是一个互动、互信的过程，在这个过程中，尝试控制顾客只会“碰壁”。许多刚入行的同事特别容易走入这一误区，企图将自己的意愿加在顾客的想法上。但是顾客是不会“理”你的，因为，凭什么顾客要听你的呢？越想控制顾客越容易引起顾客反感，而如果出发点是帮助顾客则能自然地获取顾客信任，也就是说，在导购过程中，我们以顾问的角色给顾客建议，自己不累，顾客也轻松，导购的效果反倒好。

（2）导购是一个非常投入的过程。员工在卖场接待顾客时，只有非常投入，才能真正理解顾客的意思或者话外音。一边导购一边在想或做其他的事，就会漏掉重要的细节，也不会完全与顾客建立起持续的信息传递过程，也就是说，对顾客的影响力会下降。而当我们全神贯注地投入到与顾客的交流中，会发现有很多要弄清楚的问题。当我们弄清楚了顾客的具体情况，也就化解了顾客的疑虑，推荐起来就容易了。

B 员工在导购时“望”中“问”、“问”中“闻”、“闻”中“切”，反复递进，衔接自然，切中要害，顾客在对话中自然会觉得这个员工不一样。

（3）一句同情的话会瞬间赢得顾客认可。当顾客说痛得很厉害时，B 员工说：“嗯，那一定很难受！”顾客听了之后会想，这个店员真的理解自己，知道自己的感受，会觉得“她是一个好人”。说实话，顾客与我们心脏的温度是一样的，话语怎样，冷暖自知。

在许多药店的营业提升措施和规范中，都标明要“切实提高服务水平”。在我看来，提升的方向就是员工要发自内心地深度尊重顾客。要将这一点落到实处，应抓细节、抓话术，只有这样，员工才会在导购时专注、用心，体会顾客的病痛，并且站在帮助顾客的角度提出建设性的意见。

记得有一家连锁药店企业之歌的歌词中写道：“顾客就是我们的亲人！”这一句真好！

8. 控制情绪的"心法"

京红是G药店的店员。一次门店促销时，她成功地导购了一笔大单——药品加上营养素，再加上器械和季节性商品，都推荐成功，金额近2000元。京红自己也很激动，拎着一篮子商品到收银台，情绪高涨，声音都有些发抖。这一状态被顾客迅速捕捉到了，顾客从篮子里拿出来很多商品，说这些不要了，就拿这几盒药吧，最后顾客只买了几百元的东西。京红觉得好可惜，但是并不太清楚问题出在哪里，难道自己的情绪让煮熟的鸭子飞走了？

在多年的导购中，我也遇到过这样的情境，甚至有几次顾客明摆着就说："你推荐这么多给我是有提成的吧？"有时真想说："哪个行业不是以业绩来定薪资的呢？"但是我却不能说，只能吞回肚里，笑着回道："这只是我的工作，而且有也不多，这就是事实。"但问题是，为什么我们在导购中会被顾客解读出"有提成"呢？其原因就在于我们的情绪表露，我们自己有时都没有注意到。

其实，在门店工作中，我们会表露出的情绪与状态远不止京红这种，在引导顾客时需要控制哪些情绪与状态，又该如何控制呢？

（1）过热。京红在导购中因顾客的"较多购买"而表现出的亢奋情绪也属于过热的一种。其实，当我们遇到这类大单时，内心应淡定，把它看成是很平常的一件事。你可以这样想，不就是几千元的单吗，自己做得多了，让自己的情绪平静下来。当然，顾客买单结束走了，并且走远了，你可以兴奋并分享！

另一种过热则表现在导购时过分热情，热情待客固然好，但不可过头，否则，顾客会以为你别有用心。注意保持恰当的距离，让顾客感受到你的亲和力但又不过分干预是较为妥当的做法。

（2）冰冷。这是药店同仁需要忌讳的另一种态度。而且，在我们身边，就有同事一直坚守“冰冷”信仰，觉得什么事都不要紧，都与自己无关，导购时也同样不跟顾客多说一句话，也不多做哪怕一点点，让在旁边看着的同事干着急。

我想说的是，药店人需要冷静却不是无情。想想看，如果我们对待家人也是这样，家人会如何看我们呢？而我们的人生四季又将会是怎样的冰天雪地？所以，要改变自己，打开心窗，阳光才会照进来。

（3）疲惫。一般来说，我们一天七八个小时地站立服务，在前三四个小时还不是很累，到了后面一半时间，特别是下班前两三个小时，精力与身体都非常疲劳，此时，情绪也较容易烦躁，而此时往往又是营业的高峰时段，所以，此时的状态非常关键。

我的建议是，要像长跑一样分配自己一天上班的精力。长跑运动员一般不会在开头几圈就使出自己全部的能量，高手往往会留好精力用在最后几圈中，导购工作同样如此。在开头的几个小时工作中，我们除了正常地看场、导购、理货等，要避免无意义的闲聊与看手机，因为闲聊是很浪费精力的；也不要站着发呆，学会利用空闲时间学习与做后期自己要做的事，动静结合，充分把控工作节奏。

当然，我们也有一些同事是“人来疯”，人越多越有精神，人少反倒觉得累，这也是好事，不过还是建议要分析自己人少时为何没事可做。

药店人应为工作准备好旺盛的精力，避免熬夜，均衡营养。有好的身体，上班就不累了，情绪也会很好。

（4）愤怒。有一次，一个顾客进店，我上前迎接，还没有说话，对方就叫道：“不要导购，我自己会选。”有很多次，顾客进门就说：“服务员，过来！”有一次，一个代理商放在店门口的电子体重秤吞了顾客的一枚硬币，因为刚开始是我前往说明的，顾客开口就说脏话。还有一次，一家当地社会媒体以针孔摄像机暗访我们店，故意设计情景套话，当我们以良好的态度服务他们时，媒体却通过剪辑播出说我们故意拒绝“采访”。如此等等，不一而足。很多时候，面对顾客，面对多种现场，我们也真想发火，但是愤怒并不能帮助我们导购，反而会引发更多危机。

控制愤怒有这样一些方法：喝口水，走到店门外，透透气，换一个同事来处理。如果是家里，可以吃一根香蕉，也可以做一些体育运动。但核心是要心里明白，愤怒如猛虎，伤人伤自己。

（5）自卑。我们每个人的知识层级与结构不同，在面对顾客时，有时一个问题就被顾客问蒙了，这种情景会令许多药店同仁很自卑。的确，拥有丰富的知识会使我们越来越自信。我们应认识到自己知识的不足，但不应自卑，要利用我们所掌握的知识去解决顾客的问题，如有不懂，及时请教，包括请教顾客。当然，我们也因此要永不停止地夯实自己的知识基础，如此，才能在面对顾客时越来越有底气与自信。

自卑如果是性格等因素使然，应多与开朗自信的同事在一起交流，对自己进行积极暗示，珍视自己的优点与长处，加强思想修养，多相信他人，就能收到明显效果。

（6）自负。有这种心态的同事导购时常会得罪顾客，原因是说话不注意，高高在上，像是顾客来求自己的，自己好像什么都是对的，语气也冲。这类同事多是家庭条件优越，没有负担，加上小时候可能有些娇生惯养。

要治好“自负”的毛病，可能需要时间的打磨，也需要其家人的配合，更多的时候，也许需要管理人员点明，并且对其说明害处，正常的人一般都听得懂。

人一天会有不同的情绪状态，但是顾客却不会为你的负面情绪买单，他们没有这个义务，而且他们进店时，往往自己也是带着问题来的，更希望你能用正面情绪感染他。

所以说，导购的过程其实就是一种自控的过程，控制好了自己，就控制好了一天的工作状态与结果，管理的过程同样如此。

9. 分享超越自我

沙凯是F药店的店长。他通过QQ向我求助，说店里面有一个老员工，导购还不错，能做好自己分内的事，但是从不教新员工，特别怕别人超过他，有好的方法也不跟别人说，其他员工也不愿意跟他一块儿上班。

看来，这位老员工的行为方式已经影响到了员工关系与团队建设了。其实，仔细一想，这类“保留型”员工并不是个别现象，在我的同事中也有，这些同事怎么会出现这种心理呢？

分析其个体原因，大概是这样的：

（1）不愿教。对于大多数工作在门店一线的老员工来说，承担带教工作纯粹就是义务活儿，教会了新员工，自己却没有得到什么实际的好处，心态消极些的老员工便不愿教。当然，这里也不排除有些同事自己也不会，没有“墨水”可教。

（2）怕竞争。同在一家门店，来客数是有限的，在员工收入与业绩挂钩的前提下，教会了新员工便是在为难自己。想想看，自己与新员工搭班，新员工不会，便会让顾客来找自己，这样生意就是自己做的了，如果教会了新员工，不等于砸自己的“饭碗”吗？因为怕竞争，所以他们选择了不教。

（3）怕超越。一些新员工成长非常快，来了不到半年便去竞选储备店经理，对于老员工来说，这是一种压力，怕人家说自己不思进取，比不上新员工，要是再把自己的经验教给新员工，那不更是给自己难看吗？

此外，企业的文化氛围、考核机制等与这一现象的形成也是相关的。

在这里，我们不从管理角度来讨论，而只从员工的心理上来看，员工应如何调适自己？这也许才是解决本问题的核心，正所谓‘解铃还须系铃人”。

在我看来，以“现实性”来分析这位老员工的行为，其实，他这样做“很亏”，为什么这样说呢？

（1）成本太高。为了保留住自己的一点竞争优势，却因此失去了良好的人际关系，失去了成为新员工老师的机会，失去了让自己变得更专业、更优秀的台阶，甚至可能会失去这份工作——有可能最后管理人员受不了了，采取忍痛舍弃的方法劝退这位老员工，须知，这地球不是为我们某一个人而转。从成本分析的角度来看，得不偿失，不值得这样做。

（2）更容易被超越。不教他人，也很难知道自己的不足，而同事因为这位老员工如此“小气”，反而会被激发斗志，可能从其他途径学得更多，进步更快。到头来，自己一点没长进，人家倒飞速发展，所以，不教就太傻了。

再说了，我们教新员工的同时会发现自己的不足，也就能学到更多的知识，所以，不保留、多分享是划算的。

（3）丢失了一个更好的自己。如果我们真的怕被超越，最好的办法就是不断超越自己，而不是限制他人。真正优秀的员工总是乐于分享自己的经验与方法，并因此变得更有价值。

再说了，我们绝大多数人并不会拥有“国家级机密”或者“独特的软件系统”之类的核心优势，所以，没什么不好分享的。

从企业角度来说，不断传承好的经验，抛弃旧有的恶习，对这个行业的发展来说也是极为有利的。

我们再回头想想，十年前那些叱咤风云的明星，我们已记不起几个人的名字，甚至连有些人的样子都忘了，但是我们却不会忘记那些身边最熟悉的人，比如曾经的老师、村里的同伴等，他们会被深深地刻印在我们的人生中。我们教一些自己会的东西给新员工或他人，他们会感激一辈子，这“买卖”太合算了。

是的，我们多分享自己，给他人一个观念的同时，我们并没有失去它，反倒会收获新的观念与至深的情谊，更重要的是，我们印证了一个秘密，那就是：分享超越自我！

10. 顾客说："我本来就是上帝"

金枣是K药店的店员。在药店工作了十来年，看破了世态变迁，却看不透顾客的心。以前卖药，要介绍的内容很少，只要说这个你可以用，顾客顶多问几句也就买了；而现在，顾客不仅问题多，逆反心强，而且不买。更奇怪的是，顾客的心态发生了"革命"，以前顾客进店总是觉得有求于己，而现在顾客进店，个个都觉得自己就是上帝！难道是因为有钱任性了，还是因为时代发生了巨变？不管怎么说，这种顾客心理的改变，使原本的导购要求变高了，可是药店人的"心"随之而变了吗？

我们来进行一下顾客消费心理分析。以往购药选择的渠道与地点都没有现在这么方便与多样。如今顾客到了药店，药店人相信都会有"顾客终于大驾光临了"的感觉，当然在一些来客数属"土豪"级的不差人流的门店，是不会有这种感受的，但对于大多数药店来说，随着药店数量的增加、连锁化趋势、网购的便捷以及信息爆炸等，顾客到同一家门店的次数确实是有限的，因此，这种变化要求提供药学服务的工作人员做出哪些相应的改变呢？

（1）精通更多的知识类别。也许在这个时代里，身为执业药师有其行业价值，但是，我坚信，那些拿到了执业药师证后"坐享其成"并因此停止学习的人，在职场发展与个人提升上一定是会受限的。更重要的是，如今门店的商品品类丰富，要求我们除了专业知识外，还要掌握更多更广的知识类别，比如美容、育儿等。而这还不是最重要的。最重要的是，多数同事往往只学西药或者只学中药，然而，门店里中药与西药的比例是相当的，也就是说，身为西药执业药师也应深谙中药知识，而身为中药执业药师也应精通西药知识，而这一修炼重在专业人员的自我学习。

对于药师来说如此，对于我们每一个药店人而言，这样的学习更要紧。所以说，在门店是多么好的一件事，有如此多的可供学习的商品与知识。进一步说，因为要充实自己，一天安排得要有条理，时间将会过得多快！

当我们对疾病以及药品等知识有足够全面且清晰的认识时，我们会发现与顾客交流是极有价值的一种行为，并且，这才是为“上帝”提供服务的根本要素。

（2）优化心态。这是我在不断思考的一个问题，我们为什么不可以提供贴心的亲情服务呢？为什么那些情感服务只停留在意识层面呢？为什么明明摆在眼前可以做到的“四声”（进店有迎声、询问有答声、离店有送声、留言有回声）与“四心”（接待顾客热心、解答问题耐心、接受意见虚心、排忧解困诚心）却只有少部分药店能做到，并从中得到许多益处？说到底还是我们药店人的心态局限所致，我们的“心”没有完全打开，看到的世界很小，所以，表现的格局也显得狭隘。

心态培训在我看来，其重要性一点都不亚于专业知识的培训，而且收效往往更快、更显而易见，主导文化建设的企业往往对这种“精神层面”显得更为重视，事实上，心在哪里，我们的企业将来就会在哪里。

（3）“上帝，要少吃辛辣刺激性的食物，戒烟酒哦！”药学服务人员应将自己懂得的知识转化为对顾客的一种服务力，可惜的是，不少同仁懂得却并没有转化。以一个最简单的例子来说，有多少同事坚持对患有感冒咳嗽、咽喉疼痛、目赤畏光、口舌生疮、皮肤瘙痒、尿频尿急等病症的顾客说“要少吃辛辣刺激性的食物！不抽烟、少喝酒”呢？

更有一种令人啼笑皆非的现象。据不完全统计，男性医务人员抽烟比例竟然达到了40%！药店人应尽极大的义务去劝诫同仁，并以身作则，也需要向广大消费者进行宣传：“仁慈的上帝，要少吃辛辣刺激性的食物，戒烟酒哦！”

顾客是上帝，一点都不必害怕，只需要强化内功，以“真本事”确保上帝满意，则顾客自会主动光临。

11. 这些话只对咱药店自己人说

子元是Y药店的一名普通药师。一次，与我聊到考执业药师的问题时，他说店里面生意那么忙，根本没有时间看书，到9月份书还没有翻几页呢！还说，上年纪了，记性也不太好，考总归是要考的，能不能过就听天由命吧！

在子元的话语里，我听出了些许无奈与宿命论，然而，这些话语背后却藏着更深的问题，由此我想到一些只对咱药店自己人说的话：

（1）考执业药师是自己一生的事业。这里有两层意思。一是有些同事认为自己正在准备执业药师考试，所以领导会给自己减些指标，减轻一些工作量，这种想法可理解但天真。企业的生存需要利润，减指标那可是在“割肉”呀，怎么可能？你所有的备考都是自己的事，去问一问凭自己真本事通过执业药师考试的那些人，他们都是下了狠心的，有的同事为了备考瘦了十几斤。即使公司组织考前培训，那也只能起到指导性作用，起不到决定性作用，关键还要靠自己的额外付出。

二是不要把考执业药师当成一种负担，而应把它当成自己的事业。怎么说呢？的确，备考是艰辛而漫长的，但是在这一过程中专业技能的确会有所提升。身为药店人，专业技能是我们的看家本领，执业药师走到哪儿都会备受重视，所以，切不可掉以轻心，也不可心存侥幸。扎扎实实地把每个知识点都记牢，早做准备，不要等到报了名才开始备战，那太迟了，有远见的同事一早儿就开始埋首“秋收”之战了。

（2）拥有“你真会做生意”的能力。在多年的导购中，相信你也曾被顾客夸道："你真会做生意!"当我们被顾客这样"夸奖"时，可千万别高兴过头，这句话里并不全是对我们的赞美，更多的是我们的导购已经达到了顾客的购买上限。此时，你可以冷静地回答："我们只是把您需要的东西推荐给您，而且这些确实对您有帮助!"这样说更能被顾客认可。

但核心在于，药店也是商店，开门做的是生意，要经营下去，不会做生意怎么行呢？所以，我们要培养自己会做生意的能力。

要想让顾客觉得你是会做生意的，有这样几个小小的窍门：一是适当恭维顾客，俗话说"良言一句三冬暖"，我们要先学会与顾客建立情感关系；二是要会笑，常言道"伸手不打笑脸人"，会笑的人总更招人喜欢；三是要勤，对于零售人来说，没有比"勤"这个字更能概括其要义的了；四是要灵活，情境千变万化，我们应对也要随机应变。

（3）每个顾客都是我们的恩人。这样想至少有两点好处，一是你面对顾客时会更投入，二是心存感恩的人更开心也更长寿。抛开这两点不说，所有的商品从生产到批发，再到仓库，几经周折到了门店，在货架上等了许久，终于被"选上"，这个过程里包含了多少人的心血，而顾客是那个为这许多人的心血买单的人，是顾客养活了这些"链条"上的人，能不感恩吗？

再说了，我们收入再少，其中的每一分钱，也都来源于顾客，不管他是美的还是丑的，挑剔的还是不挑剔的，因此，面对顾客时，我们真的应心存感激。

（4）在每天重复的工作中发现快乐。有一次季度盘点，已是深夜两点了，大家还在"数药"，店长问了我一句说："药师，你怎么点凉茶有多少包也点得那么开心呀？"我没有回答，另一位同事搭腔道："药师就是这样的，再平常的事他也能干得很开心。"我笑了，但他说的也确实是实话，用节奏数数凉茶"2包、4包、6包……"这不是很开心的事吗？

话说回来，开心也是工作，不开心也是工作，那为什么不开心一点呢？为他人和将来难过是极不现实的想法。

（5）学习是自己改变自己。一次培训中，一位店员来听课时迟到了，她深感抱歉。因为来得迟，后排的位置上没有打印的资料，她特地向厂家要，厂家同仁帮她找了一份，她非常认真地看起来，听课时也极为认真。

在做另一场培训时，一位药店的同仁上午听完课后，下午就运用FAB陈述的技巧与其他的沟通技巧，包括非语言表达技巧进行导购，发现轻松了许多，而且平均客单价还提高了十多元，他很高兴地向我反馈了这一情况。

在重庆的一家连锁药店讲课，本来只能坐下100人的会场，结果来了150人听课，我在现场能感受得到学员的积极与认真，对学习充满热忱，员工如此，企业会做得不好吗？

其实，说白了，人的机体结构都差不多，不同的是核心部件——大脑，而我们的大脑与电脑一样，不同之处在于软件，而知识就是我们的软件，我们的问题多源于知识不足，而增加知识、提高技能、改变心态就是在改变自己的既定人生。

（6）一些连锁药店正闷声发大财。尽管市场波诡云谲，许多人站在十字路口徘徊观望，许多人不知所措，但也有一些区域性的连锁药店此时毫不声张，正闷声发大财。财务数据我们很难看得到，这些内在的信息只有关键人员才会了解，倒是每年的百强排名中总能看到几家欢乐几家愁。这一事实证明，大家面临的问题是差不多的，但是在困境面前，因为企业的态度、团队、执行力等方面的不同，其年度报表中的净利润也有着巨大的差别。

事实上，我们每天的行为都是一粒种子，心底里渴望改变的人总是能找到解决问题的措施，而不是停留在抱怨的表层。因此，我们每天面对无数零碎的事项都可能产生两种不同的结果，一种是正的，一种是负的。

当然，这些话只对咱药店自己人说哦。

12. 动起来活跃卖场气氛

悦安是Y连锁药店的店员。之前悦安在A药店做过一段时间，他发现两个药店最大的区别就是，在A药店的时候特别闲，大家都站在那里一动不动，而在Y药店的时候总是在忙。悦安发现顾客进店时的状态也不一样，以前在A店时，顾客进门总是有些走错了地方的感觉，很胆怯，不太敢进来，交流起来也很容易产生对抗情绪；而在Y店，店里的同事都在忙，顾客就像走到自己家里一样，交流起来很自然。都是药店，怎么会有这么大的区别呢？

我也有这样的感受。我到过很多不同的药店，有些“回”字形设计的药店就存在A药店那种情况。店里五六个店员如木头人一样立在那里，一动不动，或者偶尔聊几句，一旦有一个顾客进店，几双眼睛全部都盯着，问人家要买什么，那情形的确有些“吓人”，顾客能不胆怯吗？至少我在这样的药店门口就会驻足不敢进去。

这种状况有什么问题？从卖场把控上来看，这属于销售氛围过于僵硬，而根源即是我们的员工一动不动站在柜台里，这种状态令人很是费解。为什么这样说呢？

（1）人员超编。从人工成本上来看，如果员工都如此闲，那说明门店员工的编制有问题，人员多得无事可做，站在那里发呆，花钱请人还把顾客赶跑了，太亏了。

（2）店里真的没事可做吗？仔细检查一下门店的流程，也许这种僵硬的氛围并非无事可做，而是因为流程搁浅，待到忙的时候，员工又说忙得要死，让老板再多招点人。

（3）员工之间的“默契”。我曾在一家类似的“僵硬”门店待过半年时间，发现员工的素质普遍偏低，后来者进入这样的氛围，也不得不适应并学着“无所事事”，结果就大家都成了“木头”。

如果不破除这种生硬的现场氛围，门店生意想要有很大起色是极其困难的，不妨用下面这些方法激发员工动起来。

（1）缩编。如果发现员工在店里面有较长的闲暇，说明工作量有限，可能与来客数等有关，最基本的一个方法就是缩编，减少人员、节省成本，还能给留下的人员多发一些奖金。

当然，这里要考虑到排班、特殊时期如节假日人员缺编情况的应对等情况。

（2）培训。员工教育投入高的企业，产出也会远远高过培训教育投入低的企业。组织员工培训，充分利用时间且能帮助员工成长。

（3）流程把控。药店运营事项其实非常多，管理者可以通过店经理对门店实行流程监督检核来确保工作进展，让员工动起来。

（4）改变待客方式。当顾客进店时，员工都在各忙各的，顾客会感觉这家店有活力，生意一定不错。因此，即使我们空下来了，也不应僵硬地待客，可以通过整理货架、学习商品、看场走动等方式来创造出动起来的感觉，给顾客减压。

说句心里话，其实，真的用心在店里上班，哪会有时间闲下来发呆呢？

更重要的是，动起来，不仅使门店更有活力，还能舒缓僵硬与对抗气氛，减轻顾客进店的压力。所以，要想生意好，就先动起来吧！

第二章

Chapter 2

职业化促进成交

1. 顾客购买心理过程

陈香是T药店的店员。在陈香看来，每天的导购中遇到的顾客虽然类型各异，但其实顾客购买的心理过程是相似的，难点在于怎样让顾客转变立场。

元旦那天下午4点多，上早班的陈香快要下班了。这时一对中年夫妇进店，正好陈香还在店门口理货，于是她上前询问，得知这两位顾客要给老人买些营养粉。经过仔细探询，陈香推荐了蛋白质粉与中老年人专用的营养粉，加在一起共600多元。顾客一直在犹豫，说想再去其他地方看看。

以陈香的经验，如果顾客真的走了，回来的可能性是比较小的。所以，陈香说："其实，我能理解你们的想法，货比三家能让自己更放心。但其实各家药店的产品价位基本上差不多，而且你要在其他地方找到同样的产品也比较难，因为每个药店都有自己的产品。关键是产品要适合自己家老人，而且品质要让人放心。在这里买的话省得来回折腾，节约时间和精力，跑来跑去挺辛苦的。"

就这一番话留住了顾客的脚步。尽管后来顾客还是提出了一些疑问，但是最终顾客买单走了，临走前还向陈香致谢。而此时已是晚上近6点，这笔单一个多小时总算搞定了。

陈香的坚持、机智与经验帮助她完成了这笔艰难的"大单"。我想说的是，许多这样的"顾客想再到其他地方转转"场景发生时，门店同仁可能都习惯了，觉得顾客去比较一下是正常的，没有必要再多坚持，却也因此丢失了许多可能成交的机会。这里面深层次的问题就是对顾客购买心理过程的分析。店员在引导的时候，应对顾客从进店到出店的每一个心理过程都有非常清楚的认知，这样才能百发百中。

那么，顾客从进店到出店有哪些心理过程？

（1）引起注意。卖场进行合理的动线安排，目的就是为了吸引顾客的注意。这些“磁石点”主要分布在进门附近、端架、堆头、收银台等处，海报与商品在这些区域陈列展示，目的都是为了能吸引顾客眼球。

即使顾客进店有特定的购买目的，这些“磁石点”仍会唤醒顾客的购买欲，而我们工作人员的一句话推荐或者季节性商品、促销商品的展示提醒起到的就是加强这种“吸引”的作用。

（2）产生兴趣。我们通过引荐、POP（为英文 Point Of Purchase 的缩写，意即“卖点广告”。POP 是一种店头促销工具，以摆设在店头的展示物为主，如吊牌、海报、展示架等），或者试吃试饮、熬膏、免费体验按摩仪、免费检测血糖等方式引起顾客兴趣，使其产生进一步了解产品的想法。

（3）触摸了解。当顾客对一些商品感兴趣时，他们会对商品进行更全面的“考察”，通过“视、触、嗅、听、品”进行分析与判断，这也正是我们将重点商品摆放在黄金货架位、易见易取处与进行试用活动的原因。比如，将阿胶陈列在进门的端架、冬季护肤小商品免费试用，以及菊花茶免费试饮等。此时，顾客如果觉得产品与自己的心理需求相吻合就会产生联想。

（4）产生联想。顾客在听导购人员介绍并亲身体验时，会联想到这个产品是否能帮助自己改善健康问题，所以，此时销售人员通过对产品特征、核心卖点与顾客利益（FAB 陈述）的讲解将能有效锁定目标顾客。

（5）购买欲望。一般来说，顾客咨询商品价格或者问是否有促销优惠时，说明顾客产生了购买欲望。此时，顾客认可了产品，心里在分析花多少钱买它是值得的。导购就需要根据顾客对价格的敏感程度进行应对，合适的价格拆分技巧、赠品与增值服务将能吸引顾客走入购买流程。

另外，也有许多顾客对价格并不在乎，而对产品的安全性、有效性等很在乎，对产品有其他一些异议。导购人员则需要根据顾客的情况，对其心理进行分析，运用合理的接待技巧进行化解，便能顺利引导。

(6) 比较思考。当顾客已经差不多决定要买的时候，他们还会产生比较的想法，他们觉得导购人员说得有道理，但是不能全信，所以想自己去其他地方比较一下，或者在这家店找一找其他价廉物美的商品。这是人之常情，而此时也往往是最易丢单的时候，因为前面已经费了不少心血，此时丢单还是比较可惜的。所以，陈香的积极留客的行为就显得理性且聪明。

这一过程要让顾客产生“其实这里就是最好的，这个商品就是我所需要的”想法，将进行比较需要耗费的成本以及可能的结果明确告知顾客，通过这些积极的引导打消顾客再去别处转转的想法。

(7) 决定购买。当我们好不容易等来了顾客说“好吧，就听你的，拿这个吧”时，终于可以长舒一口气了，不过可别掉以轻心。顾客虽然决定购买了，但是会检查商品是否有瑕疵，比如包装、有效期、商品卫生情况等，没有问题才会刷卡或掏现金等购买。

(8) 付款带走。不要以为这个环节可以忽略不计，其实这也很关键。我们在收银台为顾客进行包装、分类放入购物袋时，不要忘了给顾客有益的温馨提示，同时要再次强化产品的作用，增强顾客的购买信心，使顾客觉得买这个产品真的很值得。

(9) 购后评价。顾客买回去，在使用过程中会对商品的效果进行评价。效果好是应该的，顾客也会帮着做一些免费的宣传；效果不好的话，多数顾客不会说什么，但他们会选择下次不来了。

因此，以为顾客离店了就万事大吉的想法是“小儿科”的，我们做生意不是做一次性生意，而应做长久的生意。所以，必要的顾客电话回访以及顾客再次到店时对其进行必要的效果询问，可以为门店培养更多的“粉丝”。否则，顾客会如流水般聚不起来，以后的日子仍会很艰难。

短暂的或漫长的导购过程，其实都会有这些心理演绎，只是顾客不同，其心理过程长短不同，对商品本来就很熟悉的顾客会省掉前面的环节，直接购买。而我们的导购重点应是当顾客在心里面纠结时，运用技巧将其说服。

导购像是一场博弈，更像是一场战斗。说是博弈，是因为每一次导购我们都倾尽所有，但并不能保证一定会成功；是因为每一次导购，都是与顾客进行一个封闭的意念引导的过程，所以生怕被打扰，有时一个小小的干扰，一次看似完美的导购就随风而逝。说是战斗，是因为每一次导购都要能清楚地感受到顾客从不买到买的微妙转变，这个过程更像是在说服自己，在与自己较量。

2. 三类价位顾客，应对策略不同

万康是P药店的店员。有一天，他接待了一位胖先生。万康问他要哪方面的药，胖先生就站在门口，哼声道："关节痛，拿一个膏药！我就不进去了，你随便帮我拿一个吧。"万康说："可是有好多种呀！"胖先生说："随便，没关系的。"万康挑了一个30多元钱的，胖先生问也没问，直接递了一张100元，说："你帮我去付一下吧。"顾客走后，万康才有些后悔了，刚才怎么不拿一个更好一点的膏药呢，不是有七八十元一盒的吗？这位先生一定会要的，唉。

正如你所想的，其实，万康在这笔导购中可以挖掘的潜力远不止于此。于是我们会想，为什么万康有些后悔了？为什么这个顾客有潜力可挖？为什么没有把握住机会？看似一次平常的导购，其实却可以看出许多问题。

我们在这里看到的是一个有高购买力的顾客，但是我们没有用更好更多的商品去满足顾客的这种购买力，只是把他当成了一位普通顾客，因此，一个创造大单的机会就流失了。在导购时，根据顾客能接受的价位，可以将顾客分为三类。

（1）高端顾客。高端顾客具有典型的"不差钱"特征。一般来说，他们的穿着品位与众不同，一是品牌，二是另类，三是极为随意。当然这不是判断的标志，判断的关键在于顾客的表达。一般来说，这类顾客会如上面的胖先生一样，"价钱随便，无所谓！"明显透露出一个信息："你就拿贵的好了，没关系的。"另一个暗含的表达是："一定要拿质量最好的给我！"或者拿最好、最有名气的品牌。

判断一个顾客是不是高端顾客，这需要经验，有时我们并不能一下子确定，此时在引导过程中的交流试探就显得很要紧。比如同时拿一个中档价位的产品和一个高档价位的产品给顾客，有消费潜力的顾客往往会选择高档价位的。

（2）中端顾客。多数顾客属于这一类。他们衣着正规，穿着大众品牌，注意自己的言行，选择产品时往往挑经济实惠的。在他们说的话中往往会有这样一些关键语："帮我拿稍微好一点的，但是也不要太贵！"或者"产品质量最重要，要有用！"

当我们同样拿高、中档两种不同价位的产品给这类顾客时，他们往往会选择中档价位的，并会说："用不着那么好，就拿这个实惠一点的。"

（3）低端顾客。这类顾客也有一定比例，一些上了年纪的人和农民工多属此类。他们衣着朴素，关注产品是否是自己想要的，同时要求一定要便宜。品牌有没有听过不重要，甚至有些此类顾客专找不知名的牌子，他们觉得那些打广告的产品都是贵的，不合算。

在货架上寻找时，他们往往会蹲下来找药，或者是长时间进行对比，或者跟店员说他们去了哪家药店，人家卖得比这儿便宜6毛钱。

我们依照顾客的承受能力进行细分后，根据其特点，在导购中要运用不同的策略来应对，有的放矢，才能既满足顾客需要又提升导购效果。

（1）挖潜力要"稳、准、狠"。高端顾客不会提前通知我们他今天会来店里，多数都是像上面那位胖先生一样突然降临，那么，引导的核心就在于能否迅速将顾客类型识别出来。所以，导购人员对顾客的消费能力的判断是一门需要研究的课，也是需要不断总结的学问。我们通过对顾客言行穿着的判断以及不同价位商品的试探可以较为准确地获知其消费能力。但是千万别拿顾客当"大款"，即使已经判断出顾客是有潜力的，仍应不露声色，平稳导购。要强调产品的高档品质及其带来的更多的顾客利益点，并且通过所学会的关联方法，将可以关联的药品与非药品在大脑中迅速过筛，找出较适合顾客的那些产品进行推荐。

在推荐时，产品的选择可走高价路线，此时需要“狠”一点，不能左顾右盼，就拿最好的给顾客。只要讲到点子上，便能快速做出一笔漂亮的大单来。

（2）给实惠时抬面子。针对中档顾客，引导过程中对产品的解释应足够专业，同时展示出你的自信。因为多数中档顾客比较理性，往往依据我们所说的可信度的多少来判断是否采纳我们的建议。

针对这类顾客，我们在介绍时需要侧重于说明产品是实惠的，同时也是有名气的、值得信赖的，必要的时候可以说明这个产品很有档次。此外，必要的赠品、折扣、便利与附加值服务将会增加顾客的实惠感。

（3）用专业帮他们省钱。假设一个顾客要解决牙痛的问题，而他身上只有10元钱，这10元，如果我们拿一个主推品种，充其量只能拿某个止痛药，或者只能拿人工牛黄甲硝唑，而且还是小规格的。但是仅止痛却不消炎或者仅消炎却不止痛对顾客来说都不适当。也许我们可以拿某一个小规格的止痛药，比如扑热息痛，再加上小瓶的甲硝唑，如果还剩5毛钱或1元的话，可以再给他拿一小袋牛黄解毒片，这样10元就买了一个解决牙痛的低价位方案。当然，这里也需要注意顾客的身体情况与药物的不良反应与禁忌等。

在面对一个低端顾客时，我们不需要解释太多产品的品牌与优点，只需要说清楚产品的作用、怎么用、应注意什么。顾客觉得自己能接受这个价位，自然会去收银台付钱。而我们的专业知识在这个时候是可以帮他们省钱的，我在导购生涯中，经常做这样的省钱生意。

事实上，门店生意的好坏并不取决于这些低端顾客，服务他们是药店的本分，而我们的利润大多来源于另外两类顾客，尤其是高端顾客。

药品导购是一个需要全方位考虑的工作，既需要在乎顾客利益，也要留意公司与个人利益。我们在不同的顾客面前，需要有不同的应对策略。一些同事常以某一种既定的习惯去导购各类顾客，结果就可能如万康一样丢掉大单机会，或者伤害到某些低端顾客。而以合适的策略去面对不同顾客，既满足了顾客的不同需求，又解决了公司业绩提升难的问题，同时还能实现自我价值。

3. 洞悉顾客潜需求

阿玲是G连锁药店有限公司C店的经理。虽然阿玲是一名老员工，有较强的导购能力，但是即使如阿玲这样资深的员工，在顾客成交的把握上仍然拿捏不准。

一位大姐进店来买鳕鱼肝油，她是阿玲的老顾客，按常理，导购这类顾客是非常轻松的。也的确如此，这位大姐与阿玲有说有笑。但是，在闲聊中，这位顾客问道："也不知道这鳕鱼肝油到底有什么作用?"很显然，顾客以前买过，但是却不清楚其作用，这说明之前的导购过程中并没有解释清楚。后来，这位大姐又问："服用这种鳕鱼肝油安不安全?"然而，阿玲在与顾客的继续沟通中，虽给予了顾客正面的回答，却没有给顾客解释为什么安全、为什么对眼睛好。

尽管这位顾客仍在与阿玲聊，但是却能感觉到，这位大姐在寻找其他品牌的鳕鱼肝油。果然，大姐问有没有其他的鳕鱼肝油，阿玲拿出一款给这位大姐看，但是这款没有促销活动，而之前看的那款有促销活动，非常实惠。大姐比较了一下，回到刚才那款鳕鱼肝油商品区，仍然在念叨不知道产品好不好。这个时候，阿玲仍没有意识到如果这个问题没有得到回复的话，顾客很可能会走。阿玲愣在那里，这时大姐说："算了吧，以后再说吧，实惠是实惠，但是要有用才行呀。"

我见状，觉得这笔单快要丢了，于是凑近跟大姐打了个招呼，将商品包装上面的说明，如产品配方与成分表、保健食品标志、用法用量的说明等信息，一一指给顾客看，同时解释了鳕鱼肝油里面成分的作用，对小儿成长有什么好处；另外也说明了我们企业是连锁店，在全国都有，品质有保证。这一番话说下来，这位大姐很认真地听了，并且说“那就买了吧”。

阿玲看要成交了，于是引导顾客去结账，但是我觉得这位顾客的潜在需求并没有完全满足。这位大姐在与阿玲交流的过程中提到小孩在读书，也到医院做过微量元素检测，不缺钙和锌。在这种情况下，推荐钙与锌是不合适的，于是我将店里正在做活动的购物加58元换购的一款蓝莓VC推荐给了她，并向她解释它的作用。这位大姐说：“那多吃点水果不就够了吗?”我跟她分析说需要吃很多水果才能补充到同样的VC，这一下子她就明白了。而且她也希望自己的小孩子抵抗力强一些、少感冒，于是便同意要了。这样，这位大姐不仅买了鳕鱼肝油，还买了一瓶蓝莓VC，客单价翻了近一番。

在这个案例中，大姐与阿玲交流时心理上是没有距离感的，但是大姐对产品有疑问，而阿玲没能给予明确的回复，也没有很好地倾听并洞悉这位大姐的潜在需求——希望产品对小孩有帮助，结果差一点就丢了这笔单。

可见，在导购中，员工在与顾客交流时需要不断地解释原因，让顾客真正明白产品的作用与利益，顾客放心了，才会心甘情愿地买单。最重要的是，要通过交流挖掘出顾客内心的潜在需求，实现扩大销售。值得一提的是，案例中的大姐当天钱带少了，少10元，但是最后她还是决定都要买，因为是熟客，便让她打了一张欠条，阿玲先帮她垫付了，可见顾客对产品已经非常认可了。

4. 顾客不问，也应点明七事项

何宁是W药店的店员。一天，一位阿姨急匆匆地赶到店里对她说："哎呀，不好了，我吃错药了！"何宁赶忙问是怎么回事。阿姨说："昨天我在你店里面买了一盒感冒药，以前我也买过同样名字的，所以没有看说明书就直接吃了，一天吃三次，一次吃两粒。可是今天早上仔细看了一下说明书，发现这次买的感冒药一天吃三次，一次只吃一粒，我这多吃了不会出事吧？"何宁看了一下阿姨拿来的药，研究了一下成分，问了问阿姨有没有什么不适。还好阿姨没有特别的不适，何宁叮嘱阿姨要多喝水，不用太担心，因为药物规格不同，以后用药前一定要看一下说明书。

在我们的工作中，时常听到一些用药出错带来的事故，有许多甚至是低级的错误。不少同事了解到类似的药疗事故时，心里难免会冒出这样的念头："这个顾客怎么这么傻！"但是，事实摆在面前，顾客还真的就屡"傻"不改。在不少事故中，顾客自己的责任更大，但回头想想，倘若售药时店员能多说一句，很多事故就可避免。试想一下，如果用错药的人是我们家里人，我们的感受又将会是怎样的呢？所以，对于药店人来说，有这样七件事在导购过程中要向顾客点明：

（1）有没有药物过敏史。这是一个老生常谈的话题，却又是最容易带来危机的问题。虽然它极普通，但是以我的观察来看，能做到对每个顾客都问这句话的药店人较少，多数药店人只有在销售β-内酰胺类药物时才会问，甚至有些同事基本上不问，他们觉得多此一举。然而悲剧常常发生在某一次的疏漏中。

在我导购过的上万名顾客中，经我询问的绝大多数顾客都说没有药物过敏史，也有的说不清楚，但我也碰到过几次顾客明确说自己对什么药过敏，比如消炎药或者某些膏药等。因为问过了，所以在导购中就会避免选择那些药，也因此避免了不必要的麻烦与纠纷。当然，如果顾客能主动告知他对什么药过敏，就再好不过了。

在我看来，这句话，像是一片滤网，我们不能因为绝大多数人都没有过敏史就不去过滤，这是卖药人的一种责任心，也是一种职业操守。

（2）用法用量。一般来说，即使顾客知道常用药的用法用量，我们也应引导顾客了解一下，这是我们在导购中的基本事项。对于一些有特殊用法用量的产品要做特别说明，比如，饭前、睡前服用的药物；用不超过40℃的水服用的药物；同名药不同的规格说明等。

（3）告知不良反应。一些药物的不良反应可能相对来说较常见，比如，双氯芬酸钠胶囊引起的胃肠道反应、感冒药引起的发困等，这些可预知的不良反应要提前告诉顾客，顾客就能做到不担心，并可采取预防措施。店员也可引导顾客做更好的产品选择。

很多药店人都遇到过顾客投诉药品有不良反应。事实上，大家都知道，药物的不良反应是正常现象，如果我们在销售时提前给顾客打好“预防针”，就可规避这类投诉，或者降低顾客的抱怨程度。当然，前提是我们提供的药品一定要有品质保证。

（4）问清顾客是否有其他疾病。药物之间相互作用对人体也会产生影响，我们在销售药品时，不能简单地就顾客本次来购买的药，或仅就顾客本次的“病症”给予药物推荐。在推荐前，应问清顾客是否有其他疾病，这样一来可以避免药物有害的相互作用，二来可以增加销售其他产品的机会，所以，这句询问很有价值。

问的时候，为了避免让顾客感到唐突，可以用缓和的语气说：“因为药物之间会有相互作用，所以要问一下您有没有在服用其他的药，或者您有没有其他的疾病。”根据顾客年龄，也可补充提一提比如高血压、糖尿病等疾病，以提醒顾客。

（5）家里其他人有没有类似病症。有些病具有家族遗传史，有些病具有传染性，问清后予以解释与引导，可以帮助顾客更清楚自己的疾病，也有利于防治与改善。

（6）说明禁忌。对于一些有明确禁忌的产品务必向顾客说明，药店人都清楚这一点，关键在于要坚持做到位。

（7）告知顾客回去后再看一下说明书。尽管我们在导购中可能说得较详细，但还是有可能会有遗漏，所以，提醒顾客回去后再仔细看一下说明书，了解如何使用、注意事项等，这样做既是帮助顾客，也是在规避我们自己的风险。

有些同事可能会说，顾客有时根本不会听你讲这么多，你也没有时间去问那么多。是的，在这种情况下，我们至少应问清有没有药物过敏史、说明禁忌并告知顾客回去后再看一下说明书。当然，对有经验的药店人来说，他们总是会尽可能地讲清楚这七件事，留住顾客更长时间，还能增进情谊。

事实上，药店导购中需要交代清楚的远不止这七件事，我们可以在自己的工作中不断总结，提炼出那些对顾客有益、对导购有帮助、可以减少顾客与自己的麻烦的“点”。在工作中持之以恒地做到这些“点”，守好自己的岗。倘若千万药店人都能坚持做到，则用药事故会越来越少，顾客的笑容会越来越多。

5. 看顾客是否听明白了

百合是Q药店的店员。那天，她向一位女士推荐葡萄籽素。百合噼里啪啦说完了产品的特征与卖点，接着又马不停蹄地介绍优惠信息。顾客站在那里纹丝不动，最后等百合讲完，顾客说："好的，不过，我不太清楚这个产品到底是什么，谢谢，以后再说吧。"百合辛辛苦苦的讲解却只换来个"不太清楚"，这买卖太亏了。

与顾客交流时，我们不仅要关注自己的言行，更要留意顾客。我们的介绍顾客是否听明白了，这是影响顾客判断与决策的关键。百合在导购中存在的问题是急于讲完自己要讲的，顾客还没有完全接受产品就抛出优惠信息，这种"打完收工"的引导很突兀，结果也不太令人满意。是什么原因导致一些药店同仁出现这种导购问题呢?

（1）着急。不少同事在推荐过程中急于让顾客接受，想着好不容易有一个机会，要赶紧成交；也有一些同事本来就是急性子。可这种"急"只是个人的一厢情愿，顾客可不理解，着急反而会坏事。

（2）自恋。不能排除有些同事导购时很自恋，自顾自地讲，顾客理解与否与他无关，反正自我感觉良好，这一部分同事占比各店不同。

（3）唠叨。我们经常遇到一些唠叨型的顾客，其实，门店也有一些员工属于唠叨型，习惯所致。

（4）顾客原因。一些同事在面对顾客沉默时怕顾客走，于是赶紧讲完；也有顾客急于离去的情况，一些同事不舍得丢掉机会，抓紧时间多讲一点，但有些过了。

想成交的愿望是好的，但是顾客买与不买急不来。因此，在接待顾客时，除了改变自己的习惯，比如，改变唠叨的毛病，还应学会看顾客的反应，判断顾客是否听明白了，以便做进一步的引导。如果顾客没有理解也没有接受产品，我们就介绍优惠信息，显然不太妥当。

怎样来看顾客的反应呢？

（1）表情。在与顾客交流时，看顾客的表情是非常重要的。一些顾客虽然语言上没有表现出来，但是会通过皱眉、咬嘴唇与摇头等方式显露出来。当顾客出现了“否定性”表情时，我们得思考一下自己所表达的内容是否与顾客想要的相符，然后及时调整内容。

（2）停顿。在讲解时，我们说一会儿要适当停顿一下，目的是给顾客一个思考的空间，好让顾客理解，也是给顾客一个表达想法的机会。

（3）试探一下。我们往往可以在讲几句要点后，通过“您觉得怎么样”等询问来了解顾客并打开“沉默”顾客的心门；也可以说“您看一下，了解一下”，并把产品放在顾客手上，顾客如果愿意接过产品并仔细看，说明其对产品较感兴趣。

（4）放慢语速。对急性子的同事或说话快的药店人来说，需要学会放慢节奏，保证顾客能听清楚、听明白。我做过很多次尝试，一般情况下，有条理、仔细思考、更清楚的表达让顾客更容易听懂，而这些是需要放慢语速大脑才能做到的。

另外，如果顾客真的急于离去，我们只需说一声“没事，下次有空再来了解一下”，善解人意更能赢得顾客的心。

其实，说到底，看顾客是否听明白了，既是照顾顾客的感受，也是提高自己的交流效率，是轻松工作的技巧之一。

6. “初步判断”让顾客放心

索兰是W药店的店员。有一次，一个顾客说头痛，索兰问过了，这位顾客没有发热，也没有炎症表现。顾客说经常头痛，一个月痛一两次，总是左边痛，一阵一阵的胀痛。经询问，顾客没有其他疾病。于是索兰说：“你先拿些治头痛的中成药吧。”顾客接药的时候问了一句：“我这是什么情况呢？我总得先知道是什么病才能吃药吧。”索兰无法给出明确的回复。幸好药师在附近，听到了就说：“首先考虑是偏头痛，我们同事给你拿的中成药是可以用的。”顾客这才放心地去买单了。

其实，有些时候，不只索兰无法对顾客做出初步判断，就连药师有时都会直接拿药，而不是先给顾客分析病情并对其疾病做出一个初步的判断。大多数人听了顾客的症状之后，总是习惯性地说：“哦，你这种情况可以用这种药！”接着就拿药给顾客看。但顾客内心深处仍在问：“我到底是个什么情况呢？”他希望能有所了解，即使不是很准确，他也希望了解一下。

在医院里看病时，医生经过询问与“视触叩听”，结合辅助检查后会给出一个初步诊断。这个初步诊断并非完全正确，所以是“初步”的。其实，在药店工作，虽不能完全像医生一样给出较为精准的诊断，但是我们根据顾客的病情，也可以大致判断出是哪方面的问题，先给顾客一个分析结果，之后再拿药，这样顾客会更安心。

如何才能给顾客一个初步判断并引导顾客呢？

（1）扎实的临床知识。考执业药师的知识在门店实际工作中用到的不多，门店需要用到的专业知识主要是对疾病的分析与判断，所以，门店的同事一定要多花时间去研究与学习常见病的诊疗。这一知识越丰富，对顾客与同事的帮助就越大。

（2）首先考虑。我们在了解了顾客病情后，分析时如果不能明确是什么病，那么，我们只能说首先考虑是哪方面的疾病，或者说可能性较大的是什么问题。这样说是因为人体是一个复杂的有机体，内在疾病有较多相互影响的因素，不能武断地判断为某种疾病。当然，一些较为明确的病症，比如感冒、足癣、口腔疱疹等，是可以当即给顾客一个肯定的答案的。

（3）先用药看看。没有哪种药是每个顾客使用后一定有效的，因此，我们结合顾客的病情做出分析后，选用药物是一个双向的过程，一是给出自己的建议，二是尊重顾客的选择。顾客购买后的用药过程也可以说是观察的过程，有时用药效果不佳可能就需要换药。这在医院里也是常有的事，医院里对一些不太明确的疾病也是采取“诊断性治疗”。

（4）用药跟进。这在目前各药店做得很少，顾客买完药离店了就基本上与药店无关了。其实，顾客在用药过程中总会有各种问题，如果药店能提供及时且必要的咨询，对顾客来说是一件有价值的事。以我给家人用药的经验，每次给小孩用完药之后，我会观察其反应，包括精神状态如何、症状是否缓解、有何不适等。在这个过程中，不懂医药的人在用药过程中总会有各种担心，但因为我懂，所以家人便没有这种担心，总是很放心地“吃药”。所以，药店应向每一个顾客提供购药门店的联系方式，必要的时候，特殊顾客应留下售药人的手机号等，以便提供咨询。

（5）顾客买的是一个“明明白白”。顾客到店里面了解了自己的病情，知道是怎么回事，比他们买药本身更重要，所以，我们提供一个初步判断给顾客，也是让顾客放心。

一个“初步判断”考的是药店的专业知识，也是在考药店人是否真的站在顾客的角度去思考问题，更是在考一家药店企业是否具备为顾客提供增值服务的能力。这种现实的考试比资格考试来得更实际、更有价值，也更有挑战性。

7. “现身说法” 打造说服力

穆诗是L药店的店员。她有一个自己都很难面对的问题，就是脸上长满了痘痘。她到医院去看过，自己也试过多种方法，但都收效甚微。一天，一个年轻女孩进店，要买祛痘的产品，正好是穆诗导购的，讲解产品的时候，顾客始终抱着怀疑的态度，并且反问穆诗：“那你自己脸上的痘痘怎么不治好呢?”这句话令穆诗无言以对，只好含糊其词。

身为药店人，我非常能理解穆诗当时的心情，因为我也曾遇到过类似的诘问。比如，“既然你说这个营养素这么好，你自己吃了吗?”当偏胖的同事导购瘦身产品时，常被顾客质问：“你向我推荐这个减肥产品，你自己有没有减一减试试?”门店现场碰到这样的难题，真的令同仁很难破解。但其实只要语言运用得当，就可起到比平常导购更好的说服效果。这种反问真的就摆在面前时，应怎样去引导呢?

（1）让自己成为顾客的榜样。我有一位女同事，虽然年近40岁，但是皮肤保养得特别好，看上去不到30岁。每次有寻求“让自己更年轻一点”解决方案的顾客到店时，让这位同事去导购总是能起到很好的效果。因为她自己就是最好的“说辞”，也是顾客的榜样，导购难度自然一下子降低了很多。

这种方法在其他情境导购中同样适用。比如当我们去引导长痘的顾客时，尽量让皮肤较好的同仁去；当有顾客要买减肥产品时，就让偏瘦的同仁去。这样的“策略”既避免顾客反问，也能提高成交率。

当然，核心是想提醒每一位药店人，一定要用自己所掌握的医药、营养、健康等知识将自己打造成“一个非常健康的药店人”，这样，你的形象就能帮助你导购。而且，的确很多疾病都是因为饮食、生活习惯所致，当我们通过调理将自己变成“顾客的榜样”时，那不是在药店工作得到的最现实也是最大的福利吗?

（2）现场试给你看。我们在卖小孩的牛乳钙时，顾客常会说：“就怕小孩不吃。”此时必要的解释是应该的，但是最有说服力的还是现场给小孩尝一粒。小孩尝过了，顾客会问小孩喜不喜欢吃，多数小孩都说要吃。也有不喜欢某种口味的，可以换一种再试一下，如果小孩确实不喜欢也不必勉强。这也是为顾客着想，避免浪费。

在我的导购经历中，有一次更有意思。我向一位顾客推荐抗疲劳的A滴眼液，价格较贵，顾客不在意价格，却担心是否安全。他问我说：“你自己敢不敢用?”当然，我给他以肯定的回答，在他买单后现场让自己的眼睛享受了一次“高档滴眼液”，并且说：“好舒服呀!”顾客啥也没说，笑了笑拿着产品走了。

（3）这个我用过。多年前，为了验证一下营养素是否真的有用，我开始自己尝试，从多种维生素开始，到氨基酸、芦荟胶胶囊再到螺旋藻、蛋白质粉等，以至于现在，门店卖的众多营养素我都曾服用过，并且仍在服用适合自己的多维与蛋白质粉。

我在门店导购多种维生素时，不必等顾客问：“既然你说这个营养素这么好，你自己吃了吗?”我会先告诉他我正在服用，而且将服用的感受告诉他。当然，这里面一定要实事求是，没有服用过就说没有。如果没有服用过，可以多了解顾客或同事的案例，将他人的经历变成自己导购时的“有力武器”。

（4）自己是负面案例。人食五谷，哪有不生病的呢?我们虽然身处“药罐子”里，但并不意味着药店人就不会生病，所以，应首先接受自己不同的疾病状况。当有顾客反问时，可以将自己作为反面案例去跟顾客解释。比如，穆诗应该对自己长“痘痘”的原因进行分析，可能是饮食喜欢吃辣、熬夜、睡眠不佳，或者是内分泌问题所致等。当顾客反问时，可以将自己的问题以及治疗没有达到效果的原因说给顾客听，比如，管不住自己这张嘴、生活没有规律等，并告知顾客一定不要学自己，只要有好的、健康的生活起居习惯，结合合理的治疗，就可以缓解“痘痘”的症状。

药店的导购因药品的特殊性而显得特别，我们想要导购效果好，既需要现场灵活引导，也需要长期备战，备好知识、备好“教材般的榜样自我”、备好经历。实在不行，只能做好“自己是反面案例”的心理准备。

8. 非语言胜过千言万语

执业药师香莎接待顾客时总是一脸严肃，虽然她的专业知识较丰富，但是顾客还是更喜欢找店员小济买药，因为小济总是一脸笑容，说话特甜，手脚也灵快。每月发奖金时，小济并不比药师香莎少，有时还比她多，这是什么原因呢？

在门店导购时，专业知识固然重要，但是我们身为门店员工、药学服务人员和提供实实在在的服务给顾客的药店人，在与顾客沟通交流时，仅仅拥有专业知识是不够的，还需要运用多种技巧，其中最为重要的就是非语言的表达。

数据显示，影响我们说服顾客的诸因素中，语言只占7%，语调占23%，而最重要的是身体语言，达到了70%。可见，在我们与顾客简单的对话过程中，“说”内容与“展示”给顾客看相比，后者更能影响顾客做出购买决定。

我们来进行一个简单的分析。进店的顾客中，我们认识的有多少？不能排除确实会有老顾客常来店，但是每天接待的顾客以100个来算，70～80个我们是不认识的。而顾客在店的时间往往只有几分钟，有的只有十几秒，在这么短的时间里，怎么去说服顾客并赢得顾客的信任呢？单用语言与专业知识是不够的，我们需要运用肢体、眼神、形象等传递比语言更丰富的情感与可信度。

对于药店人来说，有哪些身体语言与语气是在卖场中需要特别注意避免的呢？

（1）双手抱臂胸前。这是一种拒绝顾客的潜台词，而且显得很自负，令人不敢接近与之进行更多交流。

（2）双手交握于身后。这样的姿势告诉顾客你不在乎他/她，你无所谓，得到的结果是顾客也不会在乎你。

（3）双手插兜。药店人多数身着长褂，有好几个口袋，一些同事导购时喜欢把双手插在大褂下面的两个口袋里。其实这样是在隐藏自己，说明你并不想与面前的这个顾客成为朋友，那我们导购时提供温馨提示的初衷还有意义吗？

（4）白大褂成黑大褂了？现实中的药店人每天穿梭于各个货架，每周又有一到两次下货，趴在柜台上写写弄弄、打扫卫生、养护商品等，我们的白大褂三天左右就会变成黑大褂，即使是其他颜色的工服也能看出脏来。这种“形象”对顾客而言，意味着我们的专业水平也是值得怀疑的。

（5）审问式的语气。我们的“询问几步曲”在门店有时变成了“审问几步曲”，顾客战战兢兢，着实觉得药房就是“不一样”，但那样的“威严”也将“吓”到顾客。

类似的还有靠着货架说话，店员觉得是在放松自己，其实是没有信心或对顾客满不在乎的表现；还有过分个性的装饰、看着手机与顾客聊等，这些身体语言都背离了礼仪的规范，也显示出对顾客不够重视。那么我们可以怎样做呢？

（1）开放式的身体语言。在与顾客交流时，需要将我们自己打开，对顾客自然地微笑，朋友式地问候。交流中不要紧握双拳或者双手交叉在身前，双手交叉于小腹只有在等待顾客进店时才用，而在交流中不要那样做。交流时可以双手自然叠放，掌心向上，或者向顾客展示药品。

当我们拿着药给顾客看的时候，宜一手托着，另一只手扶着（特别是口服液产品），而不是捏着药盒上半部分递给顾客说：“喏，这个不错！”

当我们想要将两种药联合推荐给顾客时，宜并排放，而不是一前一后摆在顾客面前。

（2）避免心理对抗。当一个顾客因服用某种药品过敏到店里闹的时候，我们需要安抚顾客的情绪，可以领着顾客到后半场安静一点的地方，或者到咨询台。坐下来时，最好坐在顾客的右边或左边，而不是对面，因为坐在对面意味着你要跟顾客谈判了。

导购时同样要注意到这一点。在与顾客交谈时，应尽量站在顾客同一侧，如果是处方柜台不方便出来，也应避免直接站在顾客对面，而应站在稍微斜一点的角度，既避免了心理上的对抗，又不会挡住顾客看相应的处方药信息，如价签或旁边其他的商品等。

（3）有素养的同理心表现。顾客进店因疾病不同，其心理状态也不同，但大体上都是带着烦恼的。当顾客诉说自己的不适时，我们需要通过自己的脸部表情与回应表现出能真正体会其痛苦之处，这样的“表达”会迅速被顾客认同。因为其本质是同理心，而这也是销售的一个高境界。

导购中可以运用到的身体语言还有很多，我们平时可以多留意、多琢磨，找到最适合自己的方式。其实，这样做也是在不断提高自己的销售能力与个人魅力。

从营销角度来说，销售中顾客的体验是多方位的，除了卖场语言，良好的企业形象和员工的立体化表达将使药店显得更具核心竞争力。

9. 顾客问题分类管理巧应对

在2014年一次全国性药师大赛活动培训中，我收到了药师们反馈的一个问题：在门店接待顾客时，遇到一些问题有时会不知该怎么办。这是药师所提到的，相信门店其他员工也会有同感。其实，药店人在门店工作中总会遇到一些自己一时无法给出答案的问题，那么，当顾客就站在你面前，而自己却不知道问题的答案时，我们该何去何从呢？

其实，即使一个人的知识量再大也会有不知道的内容，古语云“生有涯，而知无涯”，说的是同样的道理。但因为我们是药店人，工作的性质需要我们以一种更专业的态度去面对顾客的问题。

我们先来将顾客问题分一下类。

（1）共性问题。一般来说，顾客所提到的较多问题具有共性，比如，疾病的原因、发展过程与如何诊治等，比如药品、营养素、生活方面的健康知识，再比如，不良反应、价格抱怨、缺货等。

（2）个性问题。这与顾客本人的个体差异有关，比如，过敏体质、先天性心脏病等先天性问题、遗传性疾病等。

（3）特殊需求。比如，顾客要求一定要有特别漂亮的包装，再比如，顾客一定要上个月生产的产品，否则不买等，这些是顾客对服务与商品在合格之外更高的要求。

在工作中，我也遇到过“回答不上来”的尴尬，不过，不断总结后发现有下面这些化解方式。

（1）实言以对，后期反馈。当我们在门店导购时，顾客突然提到一个自己知识范围以外的问题，我们可以回避，也可以不作答，但是这样并没有帮助顾客解决它。在现场，最好的方式就是实言以对以显示你的真诚，但是要记下当时顾客的问题，并留下联系方式，待下班后再去查找资料，弄明白后及时回复顾客。

（2）搜索专业权威书籍。信息很方便，但是网络资讯只可做参考，专业的人会去找知识源，也就是那些经典的权威书籍。有时回答一个看似很简单的问题，却可能需要系统地学习某些课程之后才能找到答案，但是这个寻找的过程对自己而言就是最大的提升过程。带着问题去看书，吸收的知识会更多。

（3）请教有经验的同事。不论在哪个企业，都会有一些经验丰富、能力特别强的同事。遇到一些解决不了的问题时，自己摸索可能费时很长，而且还不一定能解决，只要及时去求助他们，便能很快得到有效的方法。在这里，需要的是一颗开放的、乐于向他人请教的心。

（4）问题分类，做好记录。我们每天的工作都是自己的财富，将共性问题进行归纳，并将解决方法记录下来，以后再遇到同样的问题时则可轻松化解。而将每次遇到的不同个性问题存档，坚持去寻找解决方法，以后若再遇到这种个性的问题就不怕了。顾客的特殊需求可以“量体裁衣”、视情况而定。

（5）分类培训。企业应就不同问题制定不同的培训计划，比如共性问题，应经常反复培训，可以每个季度培训一次，新员工培训时必讲，并形成持续性的课程；而针对个性问题，可以在某次药师培训时讲到，或打印成资料下发；顾客的特殊需求可分析频次与主要发生的时间段，寻找规律，以便预防或提前准备。

其实，多数问题都是知识点，这也正是我们要求药店人具备丰富的专业知识的原因。这种“丰富”是一个持续的过程，这也是执业药师要进行继续教育的原因。知识在不断地更新，而且药店人对知识面的要求又很广，因此，药店人需要一颗永不停止学习的进取心。

10. 适时结束很必要

春燕是D连锁药店有限公司Y店的店员。春燕是一个很认真的员工，只要认准了就会坚持到底。不过，因为年轻，有时候在导购中她常会遇到一些问题。

有一次，两位女士来买天然维生素E。春燕看机会来了，应该能成功，于是非常卖力地介绍起来。两位顾客感受到了春燕的诚意，并且她们也觉得天然维生素E是对自己有帮助的产品，但是她们一时还无法决定购买，一直在犹豫。这时春燕说："你们也了解这款产品了，也知道对自己好，那就买了呗，你看我也讲了这么长时间，买了吧，让我有点成就感！"两位顾客听了也只是笑笑，说"以后再说吧"。

但是春燕觉得还有机会，于是仍继续向她们解释了半天，可能两位女士觉得一下子走了也不好意思，就在那里听她讲，但是她们最终还是没有买。顾客走后，春燕疲惫地抱怨道："什么人呀，说了这么久也不肯买，真是浪费我的表情！"

这个案例中，其实春燕自己有问题，她的问题出在哪儿呢？

在药店零售导购过程中，很多导购人员都希望自己每笔单都能成功，但事实上，这种想法是荒谬的。其实顾客买与不买都很正常，如果抱着一定要顾客买的想法，自己会很累，顾客也很累；自己很辛苦，顾客也会很辛苦。像上面春燕这个案例中，顾客已经明确表示不买，说"以后再说吧"，这个时候，完全可以停止推荐，或者最多留一下顾客的联系方式，方便以后有促销告知顾客。如果顾客不愿意也不需要勉强，但是没有必要花太多时间再进行介绍。

其实，如果顾客真的认同了，即使她今天不买，以后也会买，所以说，不必着急。这样的例子有很多。很多顾客当天没有买，隔天或过一段时间就来了。经过了一段时间的酝酿，顾客考虑成熟了，这个时候来买就不需要花什么力气。而在顾客还没有决定购买时，费很多时间去讲，顾客还是很难下决定，那样做还不如马上停止，将时间节约下来去导购其他顾客或者做其他事情。

当然，有些顾客犹豫时会说："你们这个活动到什么时候结束？"或者说："明天还有活动吧？明天我来买。"这个时候表明顾客其实有购买意愿了，可以通过强化推荐内容再坚持一下，也许能实现当时成交。当然，如果强化推荐后顾客还是表示明天再来，那也要及时结束导购了。

所以说，适时结束导购与把握每一个销售机会一样重要。而且在导购中，一定要视顾客情况来有针对性地阐述与强化，而不应毫无节制地推荐，否则会像春燕一样徒劳无功。

11. 要会说，又要保护好嗓子

福伟是W连锁药店的店员。最近他喉咙老不舒服，吃了些常用的药，稍微好些了。事实上，福伟经常出现嗓子不适、干痒的情况，有时声音还沙哑。福伟自己知道这是“职业病”，每天他都要接待几十个顾客，一天下来，说得口干舌燥，回到家里都不想说话了。

这种现象对于药店人来说几乎是常事，但是又能怎么办呢?

面对这种情况，我给出一些建议，提高我们“说”的技巧，以减轻自己声带的负担，还能提高成交率与业绩。

首先需要了解在导购时关于“说话”常遇到的问题:

(1) 急于表达。多数药店人在导购时都急于表达自己所知道的知识，有时语速会很快，觉得这样能很快“说服”顾客。其实，在连珠炮式的轰炸下，顾客可能根本就没有听明白，而药店人很累，声带却并不会表达疲劳，它只会嘶哑地向自己传递“累了”的信号。

(2) 过于随意。一些药店人将药品的导购当成了与百货商品一样，在导购时其语言显得很随意，比如，“差不多就行了”、“你要便宜点的还是贵点的”等。药品包含特殊意义，如此这般的话令人心里做何感想，这样做也浪费了自己的口舌!

(3) 不会用嗓。多数同仁都没有学过发声技巧，自己平时怎么“说”，导购时也怎么“说”，但是工作中你需要“说”的内容更多。

药店人多数情况下一周只能休息一天，有的甚至更长时间才能得到休息，要怎样才能让自己“说话”没有负担轻松上阵呢?

（1）练习发声技巧。学会用丹田吐气，这样底气会更足，还不容易累。要怎样找到这种感觉呢？大家可以尝试着想象一下闻花香时的情形。对了，当你快速吸气时，小腹部那就是丹田所在，学会控制好自己的气息，悠悠吐出。不要用肺去吐气，那样自己很快就会“气短”。学会通过头部的空腔共鸣也能有效帮助发音。此外，发声技巧需要经过练习才能掌握好。

（2）说关键的话。在表达的时候，用语应简单明了，说之前自己先理清思路，减少废话，这也可以让自己的声带轻松点。

（3）调整你的语速。一般来说，询问与解释时应慢，引导成交时应快。以我导购的经历，我建议大家适当放慢语速，说的时候适当停顿，看下顾客的反应，然后再继续。否则，自己噼里啪啦说完，顾客却一点反应也没有，不领你的情，你自己还累个半死。

（4）叫卖轮流做。对于药店人来说，叫卖是家常便饭，我曾做过很多次一整天的叫卖，非常辛苦，嗓子也劳累到了极点。其实，叫卖如果能轮流去做，每个人叫卖半个小时，效果好还能让大家都轻松。另外，备一个好的叫卖器也是必需的。

（5）一个水果，一碗汤。药店人在向顾客提供有益的温馨提示时，其实也应给自己同样的提示，每天吃一到两个梨，或者是苹果，其他水果也要多吃。我导购回到家时，第一件事就是吃水果。适当多喝点汤，上班时也要适当多喝水，平时忌吃熏烤煎炸的食物，忌辣，忌烟、酒等，这对我们的嗓子好，更对我们的身体有益。

多数情况下，导购是慢活，有时需要耗费较多精力才能成功，这就需要我们善于“说”，才能既做好工作又避免得“职业病”，还能创造更好的导购效果。

12. “不卖”才能旺卖

宝和是Q药店的店员。一天，一位顾客进店说要“复方甘草口服液”，宝和问有没有处方，顾客说没有。宝和说明该药必须凭处方购买，委婉地拒绝了。顾客继续说：“别的药店可以卖，为什么你这里不可以卖？”宝和没有直言反驳，只是笑了笑。顾客仍然坚持说：“不就是一瓶止咳药水吗？你卖给我，我多出点钱！”宝和仍然微笑着对顾客解释道：“这不是钱的问题，而是对您负责！”后来顾客虽仍然坚持，但宝和坚定的态度让顾客打消了念头，最后顾客买了瓶OTC（非处方药）的止咳糖浆走了。

宝和没有受到引诱与干扰、坚持了自己的立场是对的，但是在利益面前能做到像宝和这样不为所动的并不多。让我们来看一下真实而惨痛的教训。

S城对医保刷卡抓得非常严，明令要求非医保产品不能刷，在医保范围内的也不能多刷。但是顾客总是希望能“破例”，说自己是老顾客，或者说自己将来还会再来买，还有的是“大单”顾客，当然有一些是“自己人”、“关系户”。H店为了做好生意，管理层睁一只眼闭一只眼，门店从员工到店长也是“看情况”来办。结果做了一些违规的操作，最终被查，被停了医保，而且还要停业整顿，业绩受到影响。而竞争对手此时就在其对面开张，短时间内将营业份额抢走了不少。

在面对顾客“破例”的要求时，药店人会很为难，坚持原则可能会得罪顾客，因为顾客不理解，但丢失原则带来的却是毁灭性的结果。

在门店碰到这样的“心坎儿”时，应怎样去应对呢？

（1）理解顾客但原则不变。我记得不止一次有顾客要求买堕胎药，尽管门店有，而且也许不管我们拿什么样的高毛利品牌给她们，她们都会要，但是不能卖。导购时面对这样的顾客，我们首先应理解她们，但是要告知其危害，建议去正规医院，原则就是不能卖。

如宝和所遇到的这类顾客，可能会以利益来引诱我们销售，但是千万别上钩，保持冷静的头脑才不会后悔，才不会有后怕。

如果遇到要求多刷医保卡或者刷非医保范围内的产品，与之解释不通的话，应保持良好的态度，但是心里要做好宁可放弃这笔生意、宁可放弃这个顾客也坚持不刷的打算，这是在为自己留退路。再说，你能保证前来的顾客不是“神秘顾客”或者竞争对手的“特派员”？

（2）不单纯为奖励而销售。在一次培训中收集到门店反馈上来的问题，说员工在店里面只认有奖励的产品卖，对不对顾客的病症倒在其次，这样就走偏了。是的，奖励是为了鼓励员工进行重点推荐，但是并非乱推荐。奖励是对的，但是员工却要把好自己这一关，要看顾客的病情是否适合用，推荐的原则是“安全、有效、经济、适当”。

（3）药店人的责任心。当我们在引导类似的情境时，较有效地打动顾客的一句话便是：“这是对您负责！”顾客听了这样的话，相信也不太好意思再坚持。

（4）好生意在于有所不为。记得有一家餐馆每天只开三个小时，原因是为了保证员工工作时有好的状态与有足够的时间准备材料，但是一直生意兴隆；有一个老板前往一家汽车维修店试探，以多开票给店家好处进行引诱，店家没有答应，结果老板把这家维修店作为自己的汽车公司指定维修点。

其实，药店人同样如此，虽然辛苦，收入也不高，但是既然做了，就不应失去原则。而这样做，也许恰恰会给门店、给自己带来更多的好处。

说白了，咱们卖药也是有原则的，套用一句流行语吧：“我卖药，我——骄傲！”

13. 以快动作迎接销售高峰

小孩患了急性眼结膜炎，家里没药了，网上买药来不及，我跑到附近一家药店去买。晚上7点多，正是营业高峰时段，药店里面生意很好，80平方米的店里有十来个顾客在里面，营业人员都在忙。我到了柜台问有没有D眼药水，柜台里的店员正在导购另一个顾客，没有太在意，只是说了一声“在那边”。我走到对面，高声问有没有D眼药水，店员们都在忙，没人理我，其中一个虽没有导购顾客但是在写什么东西。我又叫了一声，这时一个老板模样的人回应说：“就在那边，帮他拿一下D眼药水。”我这才算是买到了。

这个过程虽然还算顺利，但从顾客体验上来看，却觉得服务水平较低。冬季是不少疾病的高发期，而且又陆续有各种节日，正是药店人一年中较为忙碌的时候，加上店员的流动、请假、回老家等因素，药店里人手显得异常紧缺。因此，在门店导购时，除了要学会一个人同时面对多个顾客的情形，还要以快动作来进行导购。

（1）及时回应顾客。一忙起来大家都会忽视后来的顾客，但是对顾客来说，他们自己并不会有先来后到的意识，每个顾客进店都希望第一时间得到服务。因此，当我们在导购某个顾客时，另一个顾客进来了也需要及时回应。招呼一声顾客，明确地告知顾客药品方位后，与对应货架区的同事打个招呼，让其及时拿相关的药品给顾客看。

（2）小跑起来。忙碌的时候，我们在门店都是要小跑的。要知道顾客多等一会儿，心里面就会多一些不耐烦，而我们从行为上表现出高效率、很在意他，顾客心里面就会舒服很多。

（3）流程速度要快。这期间我们的工作节奏要加快。基本的日常流程事务性工作要加快速度，更不能放着顾客不导购自己去完成其他的文档工作；来货后上货、查效期、打扫卫生、随手理货的速度也要快，随时做好迎接批量顾客进店的准备。当然，这里说到速度，并不是只为了快而快，应在保证导购质量的前提下加快速度。我记得每到这个时期，上班都会提前更多时间到门店，在店里面就像打仗一样，拼了命地拉大单，既辛苦也疯狂。

（4）收银把控。收银员是门店顾客流的把控者，在来客数少的情况下，收银员可以适当放慢，增加收银台商品推荐与关联等；而在顾客排队时，则应加快速度，减轻顾客压力。当然，必要的推荐还是不能少。

（5）精力旺盛。下班回到家后，少看或不看电视，不熬夜，多吃水果，充足睡眠，保证自己身体健康、精力旺盛。

《孙子兵法》上说：“激水之疾，至于漂石者，势也！”说的是激流的速度可以使石头浮在水面上，我想说，速度也可化解导购压力并提高顾客满意度。

每个季节、每个销售期、每个时段，都会有特殊的导购节点。药店人在忙碌时，既要以快动作来应对压力，也要照顾好自己。身体好，导购才会棒。

第三章

Chapter 3

不同的顾客要差异化

1. 说服“妈妈们”攻心为上

白凤是Y药店的店员。在每天接待的顾客中，特别是买儿科用药的顾客，多数是“妈妈们”。可能因为白凤自己也是一个孩子的妈妈，所以她特别能理解“妈妈们”的心情，导购时总是很贴心，深受“妈妈们”的喜爱。

在白凤看来，“妈妈们”进店有这些心理诉求：一是产品一定要安全，“这可是买给宝贝儿吃的”；二是希望店员能喜欢自己的孩子；三是希望能交流一些“育儿经”，包括说说带小孩的烦恼，减轻一些压力。

根据顾客的心理特征，可以总结出以下适合“妈妈型”顾客的导购技巧。

（1）先跟小宝贝儿打招呼。“妈妈们”进店，不少是带着小宝宝来的，当营业人员与她们的小宝贝儿打招呼时显示出喜爱之情，会一下子拉近与顾客的距离。要知道，谁不喜欢自家孩子呢？如果你也喜欢她的宝贝儿，你就是自己人。根据小孩的月龄，用合适的方式笑着跟宝贝儿打招呼，发出一些吸引宝贝儿的声音等，都是导购中的破冰心法。

（2）务必问清病情。在进行儿科药导购时，一定要观察小孩脸色、神情、状态，如有咳嗽与发热需要分析一下其性质或者量量体温。与妈妈进行交流时，要问清孩子何时生病、服用药物的情况及是否对药物过敏等。问得越详细，越有针对性，顾客会觉得你越用心。其实，出发点仍是真正了解小孩病情，这样我们才能推荐合适的药，避免出差错。

（3）突出产品的安全性。从成分、用法、用量等角度告知“妈妈们”

产品是安全的，同时要告知“妈妈们”产品的口感、服用水温、要服用多长时间，忌服用错，比如泡腾片务必放置水中化开，切不可直接口服等。这些提醒可以减少“妈妈们”在家时的操作难度，也可避免恶性事件。

（4）交流一些“育儿经”。婴儿从一张白纸起步，探索未知世界时会发生许多矛盾，“妈妈们”最有体会。药店人如能根据“妈妈们”反映的问题提供合适的指导，对“妈妈们”来说是一种莫大的鼓励与惊喜。因此，我们需要多学习育儿知识，比如孩子每个阶段的心理特点、生理发育情况、辅食添加的原则、出现了逆反心理如何引导等，这些虽不是“商品”，却远胜过商品的价值。实在不行，听一听“妈妈们”的苦恼，对她们也是一种安慰。

只要你真的用心地与“妈妈们”交流，其实她们是比较容易被说服的。身为药店人，面对“妈妈们”时，应以仁爱之心对待，以朋友之心交流，细心予以指引，耐心与之相处。

2. 拿什么讨好你，我的小顾客

振西是W药店的店员。一个周末的早班，振西好不容易说服一位带小宝宝的顾客买一些常用药和一组婴幼儿营养素，顾客正准备结账时，小宝宝开始哭闹起来，一时半会儿也安抚不了。后来，顾客说："小宝宝哭得厉害，我待会儿再来吧。"振西等啊等，等到下班顾客也没有来。

在药店导购过程中，时常会遇到这样令人揪心的小顾客，有时甚至让人抓狂。到了盘子里的鸭子瞬间飞走了，着实有些可惜。最重要的是，在每天的销售额中，妇儿科用药与相关产品占比大概有30%，有的药店甚至更高。按初步统计，以日均来客50人计算，妇儿科产品购买者大约是15人，其中携带"小宝贝儿"的按20%计算，那么，每天进店的小顾客就有3个，以实际的门店人流来看，还不止这个数字。也就是说，每天进店的小顾客是一个不可忽视的小群体。这个小群体是否安稳听话，对门店导购的结果是有影响的。如何迎接这批小顾客，应对振西所经历的情境呢？

我们以小孩的类型来做一下区分，听话的不必担心了，现实情况是，大多数小孩在店里都不会安分。

（1）哭闹型。让哭闹的小孩平静下来的"神器"就是转移其注意力。对小孩子来说，什么才能瞬间转移其注意力呢？对了，新奇的玩具。所以，门店应准备一些小玩具。如果觉得成本高，准备好可以派送的带插杆与底座的气球就显得很有必要。对宝宝们来说，此时如果能有好听的儿童音乐就更好了。

当然，门店员工学会一些基本的与小孩交流的方法也很重要。比如当小孩子哭闹时，逗一逗小孩，做一些有意思的表情给小孩看，蹲下来说话等；也要帮着妈妈找一下小孩哭闹的原因，是不是尿尿了、是不是饿了、是不是要喝水了等，妈妈们会非常感激的。

（2）捣蛋型。出现哭闹一般是稍微小一点的小孩，月龄一般在 10 个月以内，而稍大一点到 1 岁多的小孩子，会自由活动了，这时他们就成长为捣蛋型顾客。他们不仅会影响家长购买药品，还会弄乱陈列，甚至打坏商品，对待这类小顾客更应用心。

如果门店能准备一个小木马或者硅胶梅花鹿让小孩子骑，就能摆平他们。有些门店有足够的空间，则可以准备一张小桌子，摆上一些积木或玩具，让小朋友们自己玩。如果企业足够用心，特别是一些药店旗舰店，规划一个小型的儿童乐园就更好了。

要知道，只有小顾客乖了，家长们才会静下心来听你说，否则，家长们不定心，很难做出更多的购买决定。如果觉得现在做不到那么多，准备一些小零食也可以。只是家长可能觉得糖果之类的零食不利于健康，不允许小孩子吃，所以，药店就需要准备一些不会引起蛀牙的零食。

（3）乖乖型。不能小看那些很听话的小朋友，虽然他们不会影响大人们购买药品，但是如果能给乖乖的小顾客们一些惊喜，将来就会有更多的“回头客”。建议准备一些儿童读物，如果有小桌子可以把读物放在小桌子上，如果没有，则可以在咨询桌旁放一个报刊阅读架。收获知识的是小朋友，感动的是家长。

其实，这些投入并不大，但是可以为我们减少很多麻烦，店员导购也轻松许多，而且还会带来更多的“逛店频次”。往远了说，如果乳品在药店销售得更多，这一举措在现实性之外就更有前瞻性了。所以，关注小顾客们、讨好小顾客们，在电商冲击的实体店经营中就显得非常有竞争力。试想一下，哪家电商能提供家门口的儿童乐园呢？

3. “朋友团”来了，怎么挑战七嘴八舌

夏菊是M药店的店员。导购中令夏菊苦恼的是顾客本人同意了，结果随行的朋友你说一句，她说一句，顾客不知道该听谁的，最后不了了之，什么也不买就走了。所以，夏菊最怕导购“朋友团”。

“朋友团”来了，是不是真的就束手无策了？影响顾客购买决定的因素中，家人与朋友的影响较大，甚至起着关键作用。顾客受熟人影响的原因如下。

（1）熟人值得信任。这是人之常情，我们与顾客不熟，顾客凭什么很快相信我们呢？如果朋友就在身边，他们的意见当然会左右顾客。

（2）为了被朋友认可。在群体中，每个人的行为是为得到同伴的认可，包括自己的选择，所以在购药或者买其他产品时，自己买的东西如果朋友与家人不认可，可能就不会买。

（3）顾客不太确定。顾客购买时并不确信所要买的产品到底适不适合自己，因此，他人的建议会成为他的参考因素。

（4）同伴中有主观型的人。有时，一个“朋友团”中有一个主观型的人，也就是支配欲特强的人，就会控制着购买者“听他的话”，会影响最后的成交。

正是受这些因素的影响，门店的同事们辛辛苦苦说到“口干舌燥”，结果却一下子化为泡影，真是想恨又说不出口。不过，面对“朋友团”，我们并不是没有办法。

（1）逐个击破。其实，在“朋友团”来的时候，朋友们与熟人表达的

意见也是顾客想法中的一部分，只是帮着顾客说出来了，我们在导购中遇到这些“七嘴八舌”时，需要一一击破。比如当我们推荐板蓝根时，顾客本人可能是要的，一个朋友却说：“这个没什么用。”另一个朋友说：“你要看适不适合自己。”此时，药店人应一一区分，针对前一位朋友所说，应指出产品上的“国药准字号”，说明药品的功能主治等，并以自己或身边人服用的事实去陈述；而针对另一个朋友，应该肯定其有道理的那一部分——用药的确要看是否适合自己，然后分析顾客的病情，说明顾客的病情适合用这个药，这样就回复了他们的异议。当他们没有话说的时候，顾客也就同意了。

（2）反应要快。“朋友团”来了，同时抛出多个异议，此时，我们不能慢吞吞地去处理，那样很可能会使顾客觉得朋友们说的是对的，后面你就没有机会了，所以要快速反应。

（3）专业知识要扎实。药店人要不断地培训与学习专业知识，因为专业知识扎实，碰到各种疾病与情况进行处理时就有知识准备，而不会手足无措。用知识去说服顾客更有力度。

（4）要有亲和力。服务的基本功就是亲和力，虽然面对“朋友团”时压力较大，但是也不要因此急躁、敏感与对抗。放平心态，以微笑去面对，坦然处之，才是药店人的高素养表现。

（5）借力用力。其实，在接待“朋友团”时，有些朋友表达的意见不乏合理的地方，此时应认可他们的想法，这样你会得到他们的认同，反倒会令其朋友成为你的帮手。我在多年的导购中，遇到过许多次“朋友团”，接待时巧妙利用顾客的朋友所了解的知识与信息来帮助自己说服顾客，导购反倒容易。有时甚至遇到顾客的朋友正好也服用过某产品，而且效果还不错，此时无须多说，顾客已经在问：“这里可以刷银联卡吗?”

接待“朋友团”的难点在于一个药店人同时要面对多个朋友的异议，而且处理的时间有限，因此反应速度要快，专业知识要扎实，态度要好，借力用力就能轻松赢得“七嘴八舌”的挑战赛。

4. 对“任性”顾客，用实力说话

有一次周末促销，我在店门口发 DM 单。店门口摆了一张免费测量血压的咨询桌，一位先生过来看了看。我上前跟他说这里可以免费测血压。顾客听了便坐了下来，大概是因为他看到我只是一个发单页的“促销员”，所以当我准备给他量血压时，他顺口说了一句：“你会量血压吗？你懂不懂?”这话虽然难听，但是我没有多说，而是继续操作。量好之后，我告诉顾客测量值，并做了解释，同时问了一下他的身体情况，给了一些提醒建议，顾客开心地致谢而去。

我们来分析一下顾客刚开始接触时不相信导购人员的原因。

（1）陌生。我们与一起共事的同事是熟悉的，彼此也较了解，自然会有信任感，但是顾客大都与我们不熟，要相信我们谈何容易。

（2）只看表面。顾客对我们的了解只限于现场对我们的感知，只是某一个侧面，他并不清楚我们的实力。

（3）初来乍到。一些顾客是第一次来药店，对药店的资质、背景、品质与信誉等并不清楚。

我们在导购时，面对顾客“赤裸裸”的不信任该怎样面对？

（1）良好的态度。顾客的言行有时很冲动，多较“任性”，我们身为药学服务人员，却不能任着性子去较劲。应该平心静气，不要陷入顾客情绪中，抽身出来理清问题，解决根本问题才是最要紧的事。

（2）不必自诩。一些同事在面对顾客怀疑时会说：“我是这里的药师，我会不懂吗?”其实，这种证明有损专业人员的风度，即使不解释自己，只解释药品与疾病，专业知识也会不证自明。

（3）适时表明身份。在导购中性别始终是一个问题。比如经常有女性顾客停留在妇科用药区，有时其他同事都在忙，或者店里只有我与另外一名男员工在，此时，身为男药师，我常常要上前导购。为了减少顾客的"心理落差"，我往往第一句话会先表明自己的身份："我是这里的药师，没关系，您有问题可以咨询我。"然后再做疾病问询。在多年的工作中，这种导购是常有的事，而且最后顾客也能接受，并且多数会很认真地听取建议。少数顾客仍很敏感的话则由其自选，只在关键点上把关，比如是否适合其病情，跟顾客说一下所选药适合什么情况下用，以便让顾客确认是否与自己的病情相吻合，同时做其他必要的询问与提醒。

在这种时候，适时表明身份是为了让顾客打消顾虑，回到解决自己的问题上来。

（4）秀一下专业实力。这是我的导购习惯，往往在导购中适当加入一些专业术语，并做必要解释，比如卖奥美拉唑时会说："您好，您要的这种奥美拉唑是质子泵抑制剂，它从根本上控制胃酸……"这样说并不是为了卖弄，而是为了让顾客更明白自己买的是什么药、有什么作用，这既是显示自己的实力，也是增加说服力。

其实，我们在门店导购时，常会遇到各种"任性"的顾客。在个性面前，我们需要的是一颗平常的、冷静的心，当然，更需要我们有过硬的专业技能。

5. 如何应对“你们每次都推这个产品”

一次培训后，Q药店的万沙跟我说：“公司要求推荐重点产品，我们也不是不努力，可是现在已经到了顾客都抱怨的程度。经常有顾客说‘你们每次都推这个产品’，说得我们都不好意思了。该怎么办呢?”

的确，在导购中，因为聚焦于某些单品，出现了集中销售的现象。一般来说，药店在推荐以下商品时会遇到顾客说“你们每次都推这个产品”。

（1）收银台商品。一句话推荐被积极的同仁采用并不断释放其定位价值，通过陈列与话术培训，收银时或顾客至收银台过程中主动向顾客推荐，这种行为成为员工的习惯后，有时遇到了熟客就会被调侃：“你们每次都推这个产品!”

（2）明星商品。明星商品因其在众多商品中的毛利可观，或者公司与制药企业有战略合作关系，表现在一线就是被不断地强化首推。因为导购中员工对这种商品的推荐率非常高，也较易碰到“你们每次都推这个产品”事件。

（3）季节性商品。不同的季节，公司要求主推的商品也会有所调整，但在同一个时间段内进店频次较多的顾客还是会被多次推荐。甚至昨天买了，今天到店里面买其他东西时仍会被推荐，此时顾客会说：“昨天才买的!”这句话比“你们每次都推这个产品”更有杀伤力，也更令店员忍俊不禁。

一些同事可能会在顾客这样的抱怨面前败下阵来，其实，在我看来，这恰恰说明同事工作做得很到位。想想看，有多少药店是顾客要什么店员就拿什么，不做任何推荐，那样的药店能体现出药店人的专业价值吗?

事实上，这些商品有销售机会，所以推荐是不可少的。只是遇到顾客说“你们每次都推这个产品”时，需要用一些方法来化解。同时运营管理人员也应调整策略，帮助避免这类事件发生。

（1）“因为好，所以我们才推荐!”当顾客对我们说“你们又来了，又推荐这个产品”时，一些药店同事觉得不知该如何回应，好像自己做错了一般，其实完全没有必要。推荐是我们的日常工作之一，此时完全可以这样坦然回应顾客：“因为这些产品在我们这里卖得很好，而且有不少回头客，所以我们碰到顾客都会顺带说一句，确实是不错的产品。”当我们这样说时，其实就是在暗示顾客：“因为好，所以我们才推荐!”以我曾经多次这样回应顾客的经历来看，顾客听到这番话后大多不再说什么，反倒觉得自己曾经买对了。

（2）“上次您买了吧，感觉怎么样?”当顾客说“你们每次都推这个产品”时，说明上次我们向他推荐过，此时，可以确认一下顾客是否买了。如果买了，问一下其感受，因为这样做是引向顾客购后评价，顾客会觉得自己被关心了，不论产品购买评价是否好，顾客都会觉得这个销售人员很有心。通过这种方式，我们还进一步了解了产品的效果信息。如果顾客上次没有买，可以再次介绍一下，说不定这次就成功了。

（3）定期更换重点产品。对于运营负责人来说，在顾客说“你们每次都推这个产品”时，要破解出背后隐藏的商品吸引力下降的信息。也就是说，这句话说明我们的产品对顾客来说显示出了疲倦感，不新鲜了。我们要培养出卖场的商品力，需要通过及时的商品调整来保证卖场活力。这样对在门店一线的同事来说，会有新的销售激情，否则，每次都推荐同一个产品，员工的销售热情也会下降。

当然，因为我们是在药店进行推荐，可选择的“受众广”的重点商品可能并不太多，但是只要用心去思考，总能在几千个商品中找到新的热卖商品。再说了，商品是从旺卖到卖旺的，也就是说，好不好卖都是可以“设计”出来的。

在积极的人看来，药店导购总会在顾客的每一次抱怨中找到新的销售可能，而同样的场景也可能使不少人关闭了销售的大门。选择前者还是后者，其结果怎么会不影响门店的业绩呢?

6. 当顾客研究商品效期时

我们在导购时总会遇到各种各样的顾客，他们摆出一副专家的模样对商品仔细研究，然后告诉你这不好那不好。虽然顾客说得不对，但是又不能指责顾客，特别是当顾客研究商品效期时，我们该怎么办呢？

桂珍是K连锁药店有限公司S店的店员。有一次做促销活动，在场外摆了很多商品，来往的顾客也较多。有一位老师傅在桂珍负责的促销商品区看了又看，最后拿着一盒葡萄糖酸钙在那里研究起来。先是360度检查，然后又用放大镜看，一边看一边还往后走两步，让人家明白他还没看清，这样看了足有五六分钟，最后将那盒药朝商品区一扔说："都过期了，还卖！"桂珍知道这不可能，但是又不好指责他，于是将刚才这位老师傅看过的葡萄糖酸钙拿起来，走到老师傅身边说："师傅，您刚才看到的是生产日期，保质期是24个月，还有一年多呢！"这位老师傅才发觉是自己看错了，有点难为情，悻悻地走了。

桂珍处理得还算聪明，有的同事可能会被激怒指责起顾客来。其实遇到这类顾客应保持理性，即使顾客错了，也没有必要大呼小叫，只需解释清楚即可。不过，当顾客研究商品效期时，我们可以采取一些措施干预以避免类似问题，甚至还可以创造成功机会。

小恋是Y连锁药店G店的店员。平时小恋也常会遇到顾客研究商品效期，但是小恋有办法对付这种情况。有一次，一位阿姨在店里转了两圈，然后在个人护理用品区停下了，拿着某品牌的化妆品在那里仔细研究起来。小恋没有听之任之。她想，不管顾客是不是对这个产品感兴趣，都可以问一下顾客有什么疑问。于是她上前跟阿姨打了个招呼，问有没有什么问题。原来那位阿姨在找产品的生产日期，但是因为该产品生产日期是用暗纹印上去的，不容易找到。小恋对产品熟悉，一下就找到了，她一边指给顾客看一边说："阿姨，您好！印在这里了。这款产品卖得很好，您看是才生产的，保质期是好的，您放心！"结果阿姨顺利买单。

当然，小恋也会遇到一些顾客对效期好的产品挑三拣四。有一次，一个顾客打算买一瓶营养素，到收银台付钱时发觉生产日期是一年前的，尽管离有效期还有两年，但是顾客还是不满意，说"放了这么长时间一定是不好卖，不要了"，说完就走人了。小恋无语。

其实，遇到这类顾客时，我们可以解释一下产品从生产厂家到门店需要经过批发公司，再到自己公司的配送中心，然后在下货时间才会下到门店，这都需要时间；而且药店对店里陈列的商品进行了温度、湿度上的监控，可以确保产品质量，只要在保质期内大可放心选购。这样说可以起到一定的作用。

当然，最好是能提高产品的动销率，保持商品的新鲜度，这样顾客无法挑剔。另外，门店也可备一些新批号的产品，当有些顾客对批号特别挑的时候，可以给顾客新批号的产品，这样就不会丢单。

所以说，当顾客研究商品效期时，也不必担心，只要主动干预、据实回答、灵活应对，就可化解这一问题。

7. 应对“家里有，不用了”

丁新是A连锁药店有限公司N店的一名老店经理。在门店导购时丁新发现，时代不同，顾客的情况也大不一样，2007年、2008年的时候，向顾客推荐天然维生素C或者B族，感觉比较容易卖出去，而现在则不同。前几天，丁新导购时，一个顾客买口腔溃疡用药，丁新看机会来了，就推荐起B族来。没想到他刚说出口，顾客就说：“家里有，不用了！”这种情形，丁新这两年经常遇到，该怎么办呢？

随着零售业对保健品的推广，老百姓对营养素等产品越来越熟悉，服用的人群也在扩大，所以，丁新遇到这样的问题也就不足为奇了。加上门店常有老顾客光顾，一些老顾客因为反复被教育，所以也加入了服用营养素的行列。因此，我们在导购时再去推荐一些常用的营养素，或者没有问清顾客具体情况就直接上则会吃闭门羹。我们该如何去应对这一导购问题呢？

（1）先问顾客在服用什么。导购时，员工常常会急着去推荐可以关联的产品，包括营养素，其实，这种方式是对的，但前提是要先了解顾客的真实情况。顾客有没有正在服用我们想推荐的产品呢？比如，可以问顾客：“您现在服用了什么营养素吗？”这样则可根据顾客的具体情况做分析，看他服用的产品是否合适，或者推荐相关的其他产品给他，这样便避免了尴尬。

（2）要全面掌握营养素知识。大多数员工只会卖维生素、矿物质、深海鱼油、卵磷脂、褪黑素、蜂胶、蛋白质粉、胶原蛋白、葡萄籽素与大豆异黄酮，对于稍微深一点的产品，比如，辅酶Q10、番茄红素、奶蓟、氨糖、左旋肉碱、银杏叶、乳清蛋白、益生菌、大蒜素、绿茶、蔓越莓、锯棕榈等，就不会卖或者说很生疏，遇到顾客的问题常常不知该如何回答。因此，员工导购时常习惯性地卖自己喜欢卖的产品，因此带来过于集中的销售，一些“偏”的产品就卖不动。所以，如果要避免顾客说出“家里有，不用了”这句话，非常有必要对员工的营养素知识进行全面而深入的培训，这样员工就有很多营养素产品可以向顾客介绍，而不是集中在某几个产品。依我看，不少连锁药店正在经营的保健品都是在捡顾客的漏，也就是说来购买的都是那些服用过的顾客，并没有真正借由员工的推荐来实现其销售与增长。

（3）并非“真的有”。一些顾客只是为了搪塞导购人员的提问，而以“家里有”来回绝，这种情形其实有经验的员工可以分辨得出来。当然，也可以通过拿其他的产品来应对。

（4）其实还有很大潜力。虽然丁新所遇到的情形确实比以前多了，但是这并不意味着这一市场真的饱和了。我在不同的场合、不同的时间都做过随机调查，发现就算是医药行业里天天在卖营养素的人，服用营养素的比例也低得可怜，大体只在20%，更不用说顾客了。很多顾客都不太清楚营养素是什么、营养素到底能为他们带来什么、为什么要吃营养素、营养素是否真的有用等，这些都需要我们进行顾客教育改善，而在欧美国家，老百姓都自己去选购，像在超市里选购商品一样选购营养素。

（5）不要挑选顾客。很多有经验的销售人员都能一眼发现哪些顾客是会买的，因此在推荐时往往也是有选择性的，这样成功的概率会更高也更有效，从这种角度来说是对的。不过，我们也常遇到这种情形，那就是向某些对营养素有一定了解、感觉会购买的顾客拼命推荐，但是往往他们反而很挑剔，找出很多问题，最后常常不买了。在我看来，目前药店能做得更多的是宣传营养保健知识。我们承担的是宣传的义务，不能为了销售而挑选顾客。事实上，我们现在发现，那些看上去没有钱、可能根本就不会买的人，当我们说清楚了产品的作用后，他们反而很爽快地买了。是的，时代不一样了，顾客也不一样了。

回到丁新的问题上来。其实丁新所遇到的问题，也是其个人原因导致的，如能在销售前多问一问，精通更多的产品与专业知识，对顾客有更多的把握，就不会出现类似的导购冲突了。

8. 应对“我去网上看看”

立伟是G药店的店员。如今，在门店向顾客推荐不同的产品时，顾客常会冒出一句这样的话：“好的，谢谢你，我再到网上去看看！”可是当顾客离店后，很少有顾客会再回头来买这个产品。

随着市场与时代的变化，零售药店的卖场活动也发生了巨变。现在，顾客选择面更广，可选择的产品更多，接触商品的机会也更多，购买的习惯随之发生改变。这些变化都需要药店零售人去正面应对。

顾客想到网上去看看，一般是出于这样几个考虑：一是怕价格买贵了，这是顾客共同的心态；二是怕不好，因此想在网上了解一下评价，做一个比较，心里踏实；三是进一步了解一下产品的作用，看是不是与营业人员说的一样。这些因素使得顾客不愿意在门店当场做出购买决定，而一旦顾客离店，店员对其影响力就很小，因此需要采取措施帮助店员实现当场成交。

我给出如下建议。

(1) 设比价区。一些营业面积大、营业额高的门店配一台可上网的电脑，方便顾客随时上网了解商品动态，也方便员工导购时化解顾客“去网上看看”这一问题。当然，这一招适用于在同一产品上确实有价格优势的门店，且门店业绩较好、交易次数多，一般位于商业街区，这样从投入、产出来看才是可行的。

设比价区后，店员应对这一导购行为非常熟悉，能通过对常用网站的浏览打消顾客对产品的疑虑，增强现场购买信心。

（2）设单品超低价。不论是否设比价区，现在手机上网也很方便，所以，药店在进行网络比价后，对某些单品设超低价，这样员工在导购时，就更有说服力。一些老顾客能很敏感地感受到这一点。有一次，我在门口叫卖某营养素超低价时，一位阿姨过来看了看说："买一瓶吧，这么便宜，不管它有没有用，先吃吃看。"虽然超低价的确少了毛利，但这也是网络时代我们需要付出的成本。

（3）突出品质放心。很多人不敢在网上买产品，是怕有质量问题。所以，经常遇到网络比价问题的门店应突出对产品品质的宣传。

（4）做服务。药店的现场服务与售后服务都是网络所不能媲美的。药店离顾客近，顾客有问题可以直接来找，出现不适也可以到店咨询；而网售的电话或信息交流是有局限的，因此，以做服务来化解价格上的轻微劣势是完全可以赢得顾客的。

（5）网上吸引了哪些顾客？对于零售药店来说，网购吸引的是那些懂行的人，同时对网上的产品有良好鉴别能力的人，这都需要顾客具备良好的知识水平，甚至需要懂得一些医药知识。多数顾客还是不会贸然在网上购药，网上购买的产品大都是相对安全的产品，比如营养素、计生用品、器械、个人护理品或者一些隐私性的产品等。对于多数顾客来说，目前仍会选择到店进行购药，当然，总体趋势是在网上药店购买的人会越来越多。

门店在导购时总会遇到新的问题，有些问题老板们需要与店员一起去解决，在帮助店员的同时，也促进了现场成交，提升了业绩。

9. “其实，不买也没有关系”的威力

心莲是H店的店员。在心莲看来，每天的导购确实有很多窍门，只是，这些窍门到底是什么，她却拿捏不准。店里的桔红姐在这方面做得很好，顾客很容易接受桔红姐的推荐。心莲私底下向桔红姐取经，桔红姐说：“一两句话还真说不清，不过，就是把点滴做好，自己去领悟。”桔红姐还说：“大多数顾客都会心存戒备，所以要学会化解顾客戒备心理的方法。”她喜欢说：“其实，不买也没有关系！”心莲用了之后，发现确实让顾客很放松，这句话的威力还真不小。

在破冰技巧中，我们大都知道要运用招呼、微笑、良好的仪表，也就是我们常说的卖场五大用语、行为规范、商务礼仪等。这些方法都是很好的，但是，很多学员用起来并不自然，像是在背书。因此，我们在门店，除了惯例的破冰技巧培训，还要总结更符合门店实情的破冰“话术”，“其实，不买也没有关系”就是很好的一句。

顾客进到零售卖场，多数情况下，店员与顾客并不认识，而且顾客能在门店逗留的时间往往只有几分钟，短则几十秒，在这么短的时间里去影响顾客的购买决定，的确并非易事，所以，化解顾客戒备心理就显得异常要紧。

“其实，不买也没有关系”这句话向顾客传递了什么信息呢?

（1）不必在意我向你提供了服务。一些顾客进店，觉得店员提供了服务，向自己介绍了产品，有点不买不好意思的感觉，因此，常不太愿意麻烦店员。而当店员说“其实，不买也没有关系”时，则暗示顾客“不必在

意我向你提供了服务，这是我应该做的"，能减弱顾客的这种想法，积极地与店员进行沟通，反倒给店员销售产品创造了机会。

（2）给犹豫的顾客一个台阶下。一些顾客经店员引导后准备买某些产品，甚至拿到收银台去了，但顾客不想买了，又不太好意思说，我们的工作人员捕捉到这样的信息时，往往赶紧加快结账。其实，这样做并不好，如果发现顾客没有考虑清楚，可以问一下原因，再予以解释，如果解释后顾客仍表现出不太愿意买，完全不必再强推。否则，顾客这会儿买了，过一会儿还可能回来退，即使不回来退，这个顾客以后到店的机会也不多。此时，"其实，不买也没有关系"反倒能赢得顾客的尊重与友善的目光。

（3）引导顾客进一步了解。有些顾客只是想了解一下某些产品，可能他们只是在广告上看到过并被吸引住了，想了解一下，便顺手拿起产品看看。此时上前导购，他们往往会说："我不买，只是看看！"应对这些顾客最好的一句话就是："其实，不买也没有关系！看看好了，这是一款……产品。"往往很多的销售机会就是从顾客愿意听第一句话开始的。

（4）我不是在推销。"其实，不买也没有关系"这句话还向顾客渗透了一个深层的意思，那就是，你买与不买都没有关系，我只是做好我自己的工作，不是在向你推销。这种心态的定位让顾客的戒备心理瞬间消失。

药店人的工作既简单又极富技巧性，有时这种技巧并不在于复杂的专业知识，而在于我们看似极为平淡的话语里，因为门店不只是药店，更是一个零售商店。

10. 多对一的导购要慎重

雷定是Q连锁药店的店员。雷定很看不惯店里的同事围着一个顾客导购。同事们可能觉得几个人一起“上”更能说服顾客，但是雷定总觉得不对劲，最起码，如果自己是顾客会觉得很反感。雷定的感受对吗?

在我们门店现场服务过程中，的确有这种“围攻”现象，多个员工导购一个顾客，目的是为了能抓住顾客不丢失，也是为了能卖出去更多东西。但是，身处其中的顾客会感到很压抑、想逃离，就算是迫不得已买了，下次他也不会再来了，因为这种购物体验令人窒息、很难受。也就是说，顾客这次虽然买了，但是被动的，顾客并不满意。当然，更多的情况是顾客用几句话支开大家，离店而去。

使用这种多对一的导购方式要非常慎重，一般不要用。为什么呢?

（1）顾客的隐私性。顾客到药店来买的产品不少都是有隐私性的，不便让很多人知道与交流，比如妇科用药、男性功能产品、肝炎用药、泌尿系统疾病用药、皮肤疾病用药、计生用品、紧急避孕药、瘦身减肥药品、痔疮用药等，针对隐私性的疾病的药品在导购时不仅不能人多，而且还要低声交流。

（2）影响顾客选择。虽然在同一家店，员工之间有一些默契，但是给顾客的建议却并不一定完全相同。因此，多对一的导购方式会令顾客不知听谁的，影响顾客做决定。

（3）顾客反感。被几个人围在中间，顾客会觉得自己是待宰的羔羊，从心理上会引发更高度的警觉与对抗情绪。

什么时候可以用到多对一的导购呢？

（1）顾客有多种需求且紧急时。比如当顾客需要某些指定的产品，量也较大，且时间紧，这个时候，就需要同事赶紧来帮忙，一边稳住顾客，一边将相关商品准备好。

（2）顾客有意搭讪。有时，一些顾客喜欢有更多营业人员围在身边，见到谁都聊，在不忙的时候，也可以短时间与这类顾客进行多对一的交流。

（3）顾客较难说服。对于有较明确需求但仍在犹豫的顾客，一个同事进行导购时可能会应接不暇，此时，其他同事也有必要前往协助。

药品零售是一件很有意思的事，每天都会有不同的场景。药店人用自己的智慧去面对各种不同的情形，将困难变成机会。用正确的方法在合适的时候做正确的事，也许是最有趣且最令人开心的事，而这也许正是零售的魅力吧。

11. 一对多的导购，你会吗

对于药店来说，缺人是常态，特别是到节假日，会表现得更突出。沙贝店里就出现过这种情况，去年年关，就沙贝和一个老员工在店里顶了十来天。这个时候往往又是非常忙碌的时候，抱怨也没用，对于沙贝来说，保持好工作状态最重要。

其实，很多药店出现缺人时，员工状态也会较差。有同事会说："那赶紧去其他门店调人来帮忙呀!"这个想法很好，而且不少连锁药店也是这样做的，但有时其他店也同样缺人，或者说，想调也调不到人。再者，对于单体药店来说，根本没人可调。怎么办呢?

其实，药店出现这种"紧急"状况的频次还是较多的，即使有时店里面不缺人，也会出现在高峰时间一下子来了很多客人导购来不及的情况。多数员工会选择导购其中某一个顾客，而其他顾客则任其自选，这也是无奈之举，但这样做显然不合适。

面对这种客多员工少的现场，有什么好办法来应对吗?我在一线工作中常遇到这种情况，我给出如下建议。

（1）打招呼。即使顾客再多，每个顾客进店时都应招呼一声。就算自己在处方柜那边，也可以远距离打个招呼。大多数药店面积不大，完全可以听得到，面积大的门店可由最接近门口的同事来打招呼，打了招呼顾客就不会觉得自己被冷落。

（2）一对多的导购。当我们在门店现场遇到顾客多而员工少的情形时，可以采取一对多的方式进行导购。一般顾客在决定购买前都会思考一下，当我们在导购A顾客时，给他推荐相关的关联产品后，如果顾客并不能马上决定，可以先将产品放在顾客手上，让其自己再研究一下，而自己去导购B顾客。通过简单快速地询问，给予B顾客一些产品建议，在导购B顾客时，也要随时留意一下A顾客是否有问题。通过稍远的距离进行交流，同时放松顾客，因为你对产品是了解的，所以，这种交流并不会影响对产品的介绍，甚至当B顾客仍在考虑时，可以回到A顾客身边或者再去导购C顾客等。很多顾客往往只需要我们提供一些具体的咨询，解答一些疑问，其余的他们自己会做决定，所以，同时导购几个顾客并不难。在我的工作经历中，这种同时导购几名顾客的情形常有，而且导购下来发现客单价也挺高。因为顾客觉得你店里面生意挺好，你的推荐也有道理，这样推荐难度反而降低了，可以说这也是一对多导购的好处。

当然，这要求我们对门店商品的位置、卖点非常清楚。一般来说，我们在进行一对多导购时，拿取产品速度都是非常快的，而且根据顾客特点能迅速说出适合他们的卖点，这个功夫平时就要修炼好。

（3）员工相互配合。员工少的时候更需要员工之间配合高度默契，节约时间、高效率地工作，减少顾客的等待与停留。

在进行一对多导购时，有效的表达、良好的亲和力等都能帮助我们快速获得顾客信任，但关键在于我们自己不要慌，要有条不紊地进行。当然，在接待过程中，我们需要加一些放松顾客的话，比如："您可以考虑一下，我马上再过来！"

门店现场的导购情形总是多变的，零售人需要有灵活的应对能力，因为现实的问题需要我们去化解，抱怨并不能解决问题。

12. 顾客就要医生开的药怎么办

舒平是W药店的药师。舒平在导购中纠结于这样的情境，顾客就要医生开的药，要同一个厂家生产的。因为顾客习惯了吃这一种药，不管怎么讲解顾客都不听。可以想象，舒药师是在对顾客进行置换或者推荐同样成分但厂家不同的药时遇到了这种情况，我也经常遇到这种问题，其实化解起来并不难。

先来分析一下这一现象的可能原因：

（1）顾客图一个放心。顾客对药存在一种“怕出错”的心理，所以，原先吃什么药或者医生开什么药就要求买什么药，这一心理再正常不过了，换成是我们自己也同样如此。

（2）推荐过急。员工在导购时急于将门店主推商品或有毛利符号的商品拿给顾客，导致顾客产生自然的“排斥反应”。

（3）品项缺失。顾客点名要的药有很多生产厂家，同成分不同制造企业的品种也不少。当顾客要某个产品时，员工并不知道其要某个厂家的，一些顾客会从包里面拿出以前用过的药盒来做样本。

（4）医生的原因。受利益驱使，一些医生开处方时告知顾客，就只能拿这种一模一样的药，不要相信别人推荐的。当然，也有些产品的确有其工艺或专利上的独特优点，这使医生更愿意开某些厂家的药品。

清楚了原因就解决了问题的一半。我们在门店导购时该如何应对呢？

（1）给顾客吃“定心丸”。顾客之所以不敢接受，核心原因是怕药不一样，而不是厂家不一样。所以，在导购时，给顾客说明你拿的药与顾客的药是一样的，展示药品的成分给顾客看。同时要看清楚规格，有些药虽然成分一样，但是规格不一样，服用的剂量自然也不一样，这些都需要给顾客解释清楚。一些顾客对你认可的话，会买你拿的同成分的药。

我在导购时会很平静地处理这一情形。不要扯着嗓子去跟顾客叫，因为你的叫嚷反倒让顾客更着急，更没有心思接受你说的产品，这也是导购人员心理上要注意的一点。

（2）重点产品不急。每一位药店人导购时心里都有一个谱，想着怎样去推荐重点产品。这样的想法是好的，然而也要看顾客的具体情况。顾客要一模一样的药，如果没有，应先解释一下，自己门店没有一模一样的，不过有同成分的药。另外，如果顾客要的是一些安全性较高的非处方中成药，作用相仿的产品较多，也可以选择其他的产品，展示其功能主治给顾客看，然后，根据顾客的反应来进行下一步的导购。

当然，我们也会遇到顾客就是不要的情形，那也没有关系，尊重顾客的选择。如果你仍去强推，为难的反倒是自己，或者你知道哪个药店有卖，告诉他一声，他会很感激你。

（3）顾客需求登记。对于有经营条件的门店来说，能更大程度地满足顾客的需求再好不过。我们通过“顾客需求登记表”来记录顾客要的商品，向公司反馈购进此品种，这样当然更好，但为一个顾客去采购几盒药，对公司来说又有些不划算。另有一个方法就是订购，由顾客付一些押金，帮其订购过来，然后致电来取或者送货上门。

顾客的需求是第一位的，药店人在服务顾客的时候始终不要走偏，以当局者来面对，以旁观者来看待，也许导购就不会那么纠结了。

13. 巧说“冰点话题”

舒乐是R药店的店员。这天，一位中年男士进店，舒乐上前询问，顾客说随便逛逛。他在卖场走了一圈，停在了男性功能产品专区。舒乐有些不好意思，但还是问顾客要买哪个产品，顾客说要A产品，舒乐展示了产品给顾客看，但是不知该怎么去说，只任顾客自己看。顾客问了一两句，然后就走了。在舒乐看来，这样的顾客其实是想买的，只是这类产品又不像其他的产品，确实很难导购。最重要的是，往往这类产品又是门店的营业额大单，丢了单真有点可惜。但有什么好办法呢？

药店的营业额构成中，类似于A产品的加在一起，一个月销售占比应在5%，甚至更高，这在我们导购中虽然频次不高却对业绩影响较大，可以说是80/20法则中的20部分。可问题是，员工在导购时又真如舒乐一样很为难——说嘛，说什么呢？不说，也尴尬。其实，这一问题虽然有难度，但确实有方法：

（1）低声引导。这类顾客多会左顾右盼，看是否有其他的顾客在，如果在，对其购买也会产生影响。事实上，多数这类顾客会很聪明地选择在门店客流最少的时候来，而我们引导时也要关注到顾客的敏感心理，轻声交流，态度平和。

（2）限制你的语言。在导购这类“冰点话题”商品时，顾客总会提及诸如产品有没有用、是不是假的等问题，此时，不必过多给予延伸，而只需说明这个产品成分是什么、作用是什么，而且无须多说，点到即止，可以展示产品说明书或提醒顾客看说明书。

当顾客问产品有没有用时，你可以借由产品的品牌或销售的状况给予侧面评价，比如这个产品是知名品牌，或者说也有老顾客一直在买，但切不可给予承诺。

当顾客问产品是不是假的时，可以强调自己门店的品牌与形象，告诉顾客说："我们是连锁药店（或者说是老店了），一直开在这里，您可以放心。"

我们在导购这类顾客时，需要注意用语的艺术性，切不可说一些不雅的语言。

（3）支开其他顾客。当有其他顾客来店时，应尽量避免引导至该区域。此时，同事之间的默契非常重要。即使其他顾客要买的药在此区域附近，也可将药拿至其他地方与顾客进行交谈。比如，让顾客在某个柜台或收银台稍等，然后拿药过去交流。

（4）去收银台时将药拿在自己手上。当顾客决定买了，去收银台付钱时，建议导购人员将这类产品拿在自己手上，并且注意隐藏。一是避免一些顾客调包，因为金额较大；二是可以避免顾客为难。店员拿在自己手中，并且不展示出来，待顾客付完钱直接装在购物袋中，让顾客自己看一下就好了。这样做，可以避免被收银台附近其他顾客看到。一些同事直接将这类产品放在收银台上，被其他顾客看到了，该顾客会非常难为情，甚至有时直接就走了，不买了。

（5）合理关联。往往这些顾客有较大潜力，在顾客准备购买该类产品时，特别是经常购买这类产品的顾客，可以进行营养素或者中成药关联推荐，以"调理"为切入点，其成交在于引导要快且用语准确。

"冰点话题"类顾客的疑虑不多，只要进行必要的解释，顾客心里明白了，就会做决定。当然，遇到因顾客有其他疾病不能用产品时，一定要劝说顾客不要买。

当然，我们不能因为一些商品是"冰点商品"，就忽视问题的存在，或者不去谈它，使得"舒乐"们一直不知该怎么办，而他们每天都要面对它。也许用一种开放的心态、一种好的方式来处理，不论是男员工还是女员工，在导购时都能轻松面对。

14. 识别“非消费者”给自己减压

米拉是W药店的店员。一个平常日里，米拉接待了一位中年妇女。这位顾客逗留了半个小时，米拉向她积极推荐了各种东西，但是顾客最后什么也没有买就走了。顾客走后，米拉感到身心疲惫，心想怎么常遇到这种讲了半天什么也不买的顾客呢？要是自己能辨别出“真假”顾客来，工作会轻松很多。

如果我们用心统计，每天的来客数中，约5%的顾客来店里并非来消费的。问题倒不在于其来店的目的是什么，而是一些同事在他们身上花了过多没有必要的精力，结果自己累，又没有效果。如果我们在接待顾客时能识别出那些并没有购买意图的顾客，将可以节省精力、减轻负担。

当然，这里所说的识别，并非是判断出顾客不购买就因此不导购，而是调整导购策略，将精力用于那些有更高效益的顾客身上，也就是说，不做无谓的导购。这与有些同事抱着“早知道这个顾客什么也不买就不导购了”的想法是不一样的。后者显得消极，且不买的顾客并不是“非消费者”，一些顾客不买只是暂时没有确定，还在考虑中，这与非消费者是有区别的。那些不买的顾客我们接待了，他们同样会非常感谢，而非消费者，他们只是将你当成了他们的工具，并不会在心底感谢你。

该如何识别“非消费者”呢？

（1）进店状态。一般来说，有购买意愿的顾客进店时步子都是相对快的，那些“非消费者”常常左顾右盼，目光涣散，行动缓慢，当我们上前询问时，常会觉得受到惊吓一样有意避开，这是“非消费者”类型中较常见的一种。

（2）停留时间。真正的顾客如果“无消费意愿”，一般来说不会在店里逗留较长时间，但是“非消费者”可能会故意停留较长时间，以获取他们想要的信息或者达到休息等其他目的。

（3）特殊非消费者类型。我们常遇到的“特殊非消费者”有竞争对手、仿价者、媒体人员、政府检查人员等，当他们以“神秘顾客”的身份进店时，我们也会耗费较多精力，但是无所作为。识别他们一般也不难，这些类型的人员问的问题感觉与一般顾客不同，有难度且说话有点专业，尽管他们会尽量避免专业词语，但是仍会透露出业内人士的气息。

（4）始终不给你明确的反馈。真的顾客，不管接不接受推荐的产品，都会告诉你结果，但“非消费者”故意吊胃口，这是有悖顾客进店常理的。如果这些“非消费者”进店也就只是一会儿，不耽误较长时间，影响也不大。怕就怕如米拉遇到的这种类型，我们要特别留意，识别后要懂得节省精力，如果顾客要逗留也没关系，只需保持警惕即可。

这与那些需要慎重考虑才做出决定的顾客是不一样的。一些顾客也需要磨很长时间，但是他们始终透露出的信息是想买，只是不舍得或者仍在犹豫。他们常提出困惑，注意力一直在与你交流或者在某些想买的产品上，这个并不难鉴别。

银行里的工作人员对假币的感觉并不完全是因为非常了解假币的特点，而是他们天天与真币打交道，当假币出现时手感不一样，因此能迅速识别。其实药店导购也是一样的，遇到真的顾客多了，就能轻松识别“假”顾客。当顾客是“非消费者”时，也不要弃之不理，而要保持良好态度，理性接待，保留精力，这样上班会轻松些。

第四章

Chapter 4

销售法则助成交

1. 以稀为贵营造紧缺效应

康平是W药店的店长。那天，一位老师傅到店里买一种药，但那种药卖得只剩下两盒了，而且是需要长期服用的药，康平顺口说了一句："这药卖得很好，就剩这两盒，要赶紧进货了，上次进货时都没有进到！"老师傅说："那这两盒药就给我吧！"言语中透露出一股"抢"到的欣喜。

这个案例中，康平不论是有心还是无意，都向顾客巧妙地传递了产品紧缺的信息。我们称之为紧缺效应，这种效应会带来如下影响。

（1）顾客囤货。一些热卖且要经常用到的商品，顾客担心下次来不一定买得到，便会产生囤货心理。当然，我们有时以"年仅一次"的大型促销活动来刺激顾客，这是用优惠方式来制造"这种机会少之又少"的紧缺效果。

在这种情况下，顾客本来只想买一盒，却会因此买两盒甚至更多。这种心理说来很奇怪，却又如此现实地存在于我们每个人心中。

（2）越缺越热。"非典"曾经产生相关产品"来不及生产"的不可思议的现象，雾霾则让生产PM2.5口罩的厂家发了横财。有些连锁药店的采购经理为了能抢到货，将配送车整夜停在厂家车间门口，就等着货出"炉"。

我在门店销售PM2.5口罩时，曾发现一件特别有意思的事。同事跟顾客说"店里面就这么多货，都进不到了"，顾客本来还觉得价位有些高，一听马上就去付钱。一箱货不到一天就卖完了，也真应验了同事说的话，真的没货了。紧缺效应推动了热销。

(3) 药店人的“大馅饼”。当顾客急着求购产品时，药店人确实轻松很多。平常药店人需要拼命推荐，而此时顾客买到了还要说声谢谢。这种销售机会可以说是天上掉下来的“馅饼”，当然，在平常的导购中也可以制造这种销售机会。

在导购中应如何运用紧缺效应呢?

(1) 理性引导。实事求是地告知顾客，其所要的产品确实是紧缺的，这种适当的信息传递可以帮助销售，但不可夸张与煽动。

(2) 留下顾客的联系方式。无货时按正常的顾客需求登记，不可因来问的顾客较多便觉得无所谓，不留顾客的联系方式。后期到货要致电顾客，即使顾客在其他地方买到了，他们也能体会到门店的用心服务。

(3) 说得恰到好处。一般我们在导购中可以这样向顾客传递“紧缺”信息:“这个产品卖得很好，前几天才进的货，就快卖完了。”这么说一是说明产品紧俏，二是表明产品品质广为认可。对品牌商品、区域性广告商品、季节性商品与某些特殊因素导致热卖的商品常可运用类似的话术。

有时我们也可简单地说“这个产品都进不到货了”，或者说“我们店也是从其他店调过来卖的，仓库暂时都没有”等。

事实上，紧缺是比较常见的事，门店的商品受原料供应、配送、恶劣天气、交通、货款等因素的影响都会出现缺货，当我们以事实为根据运用紧缺效应时，确实可以为销售增色不少。

2. 蚕食法则扩大销售

要解释蚕食法则，先来看我购买笔记本电脑的亲身经历。

那天，我前往电脑城选购已经认定的某品牌笔记本。导购者是一位大哥，问了我能接受的价位后，他推荐了两款笔记本，价格相差1000元左右。我接受了价高的那款笔记本，因为性能较好。但是这位大哥去仓库取货回来说，500G的没有货了，只有1000G的，再加200元可以多得500G，这很划算！因为我已经想买这款笔记本了，觉得多一点空间也好，于是又多交了200元。

付完钱后，装系统的帅哥问："你的电脑准备用什么杀毒软件？"我说："就在网上下载软件，能用就行！"帅哥说："那会给你带来很多麻烦的。"于是他又推荐了一种安全的杀毒软件。为了能保证自己的新电脑"安全行驶"，我又多花了300元买了他推荐的杀毒软件。当然，效果确实不错，但是，我后来才醒悟，这个导购过程隐藏着多么厉害的蚕食法则呀！

所谓蚕食法则，就是指先说服顾客购买某个产品，成功后再根据顾客的特点进行附加销售。当然，这里面有关联产品销售，但并不限于关联产品。

打个形象的比方，我们说服顾客接受第一个产品时，就好比推一个雪球上山，越往上越辛苦，但是成功到达了山顶时，雪球开始向下滚，越滚越快，此时顾客的状态很放松，我们趁机进行第二次销售，顾客会顺理成章地接受。

举一个真实的例子。

有一天，一位女士来咨询阿胶产品，我们努力说服了顾客购买。顾客买完要熬膏，当时没有赠送辅料的活动，我们便推荐顾客购买店里的红枣、核桃、芝麻、冰糖等。因为顾客已经买了阿胶，此时自然会购买辅料。在顾客等待熬膏时，我们与顾客交流营养素的作用，比如，推荐天然维生素 E 等产品，顾客了解了产品的价值与作用后可能会选择购买。这种逐步附加的方法令顾客慢慢接受原本购买计划之外的产品，从而扩大销售战果。

蚕食法则一般用于以下商品的销售。

（1）大件商品。顾客购买一个大件商品时，可以根据情况推荐合适的辅助产品。比如购买轮椅，可以推荐相关的助行器、手杖或电子设备。顾客会觉得大头的钱都花了，再花一点也无所谓。所以，只要产品适合就容易成交。

（2）高单价商品。即指价格在 100 元以上的商品。当我们已经成功销售了一个高单价商品给顾客时，就知道顾客还有潜力可挖掘。因为顾客既然这么贵都能接受，那么，再推荐一个产品也不会太难。比如，我们在销售 ED 类商品时，搭售生蚝软胶囊、牡蛎提取软胶囊或者相关中成药，成交率都是比较高的。

（3）团购商品。当顾客购买了数量较多的商品时，我经常会再推荐一些适合的数量相对较少的产品。我发现，对顾客来说，多带一点产品是易如反掌的事。

（4）互补性商品。有些商品之间存在互补性，比如，钙锌同补。顾客在给小孩买葡萄糖酸钙时，可以自然引导其购买葡萄糖酸锌。个中道理，不必赘言。

蚕食法则运用得好将为销售锦上添花，但是倘若运用不好则会反被顾客“蚕食”。比如，当顾客购买较多东西时，会主动索要额外赠送。这里所说的“赠送”，是顾客除了 POP 上写的赠送内容外还要求另外附加优惠。此时，如果你担心生意不成，很可能就会被顾客“蚕食”，所以，在交流中及时说明优惠条件与原则就显得很有必要。

3. 递减法则帮顾客轻松买单

利平是W药店的店员，她主要负责个人护理专柜产品的销售。有一天，一位女士进店购买护肤品。利平细心检测顾客皮肤后，以皮肤护理专家的姿态向她推荐一套包括清洁、滋润、修护等功能在内的组合产品，有洗面奶、爽肤水、乳液、日霜、晚霜、眼霜等，加在一起费用不少。在交流中利平感觉到顾客有压力，于是慢慢帮顾客减掉一些产品。最后这位女士买了三样，但利平很开心，因为那也是一笔不小的单。

利平所使用的销售方法就是递减法则。所谓递减法则就是在销售中先提供适合顾客的组合产品，然后根据顾客的承受能力，筛减一些相对次要的产品。虽然最后顾客只买了一部分，但仍然有较好的销售结果。这种法则有以下优势。

（1）减法让顾客越来越轻松。当提供一个组合给顾客时，顾客一般会有些压力，但是当我们开始尝试着帮顾客选择更重要的产品时，顾客便会轻松起来。

（2）容易成交。一般来说，在减掉产品时顾客会有些不舍，因为觉得自己也需要，所以，相比于我们不断增加推荐产品来说，减掉产品更易于成交。

（3）为后期销售埋下伏笔。虽然顾客这次减掉了一些产品，但是因为我们推荐了组合，并告诉其组合的合理性与作用，所以，顾客心里仍有对这些产品的需求，有些顾客会将其列入后期的购买计划，这就为以后的销售创造出了潜在的机会。

递减法则一般用于以下商品与销售场景中。

（1）个人护理品。除了上面案例中利平推荐的化妆品外，还有头发洗护产品组合、口腔护理产品组合等。比如，针对口臭，我们可以提供对应的牙膏、牙刷、漱口水、口喷等产品，然后由顾客来做减法。当然，这些产品可以组合陈列或关联展示。

（2）营养素。针对不同情况的顾客，提供一个专业的营养素产品组合，然后由顾客根据情况来选择。虽然顾客最后可能会减掉部分产品，不过仍在我们的销售预期中，有时甚至会超出我们的销售期望。

（3）进行关联销售时。我们在平常的导购中可以拿出适合顾客的产品搭配组合来，顾客在做减法时，至少帮其保留关键的药物。

（4）促销组合。有时我们可以通过顾客与顾客之间的拼单来帮顾客实现递减。比如，橄榄油特价 25 元/2 瓶，但是顾客只想买一瓶。这时，如果有另一个顾客在，就可以向他推荐，多数情况下本打算买的顾客会帮你做说客。

递减法则运用得巧妙，将会使顾客的购买过程更开心，而产出又在我们的控制范围内，何乐而不为呢？

4. “好吧，听您的”——折中销售法

普思是K药店的店员。在同事看来，普思是一个有着不一样的导购特点的员工。那天，一位大款模样的顾客进店，普思通过专业分析，提供了四种适合这位顾客的产品。经过几个回合的交流，最后顾客说：“看你介绍得不错，就拿这两样吧。”普思笑着接过话来说：“好吧，老板，就听您的！”这位顾客听了哈哈大笑说：“小姑娘，你真会说话。”

在这里，普思运用了什么导购技法？在与顾客进行了一定的交流后，了解到顾客的购买倾向，并且通过专业分析，确定顾客的选择是正确的。此时，再强推可能只会引起反感，于是顺水推舟肯定顾客的做法。这种销售法，叫作折中销售法。

其实，这也是我们在导购中用得最多的一种销售方法，只是多数药店同仁没有意识到。比如，在推荐我们想推的产品给顾客时，顾客并不完全接受。与顾客几番交流后，顾客根据你的建议，选择了他们自己认可的产品。这个产品可能是他们服用过的，或者是品牌的，也可能是我们推荐的。结果，顾客可能要了一部分我们推荐的产品，但没有完全“按照我们的意思购买”。此时，一些员工心里会有些不甘心，纠结于顾客怎么不接受自己推荐的其他产品。其实，这只是因为他们心里面只想着这一次生意。

我们与顾客交流，结果往往是妥协的。如同普思一样，适时转向肯定顾客的做法往往需要灵活与乐观的销售心态。“好吧，听您的”——这种导购方法一是尊重与肯定顾客的选择，二是恰当的恭维，一语双关，从而

令顾客一乐。

但是，药品导购是一种专业引导过程，并不是任何时候都可以折中的，我们应在什么情况下向顾客说“好吧，听您的”？又该怎样理解它呢？

（1）顾客是对的。以自己的专业知识为基础进行判断，顾客的病情适合服用他自己选择的产品。

（2）顾客潜力有限。当我们通过探询发现，推荐的产品价位已到了顾客的消费潜力底线，当顾客说“我还是拿这种吧”时，我们应以折中销售法实现成交。

（3）表现出诚意大度。折中销售法是一种积极面对现状的做法，这与不推荐的消极行为是有本质区别的，其核心点是表现出了导购人员对达成交易的诚意与大度。

（4）放长线。折中销售法看似没有特别之处，然而却是放长线的销售方法。一般而言，生意不是做一次，顾客这一次满意了之后才会有下一次，我们要的是更多的下一次。

（5）快乐至上。药店导购可以引向开心的那一面，以药品帮助顾客解决问题，以积极情绪带给顾客快乐，这将会使平常的导购变得更有价值。

销售的过程因双方互动多变而显得难于掌控，但恰恰因此需要我们有机敏的洞察力，销售也因此极具创造性。当我们通过客观的分析，以折中的方式成全顾客，以打趣的方式使销售轻松化、快乐化时，收获最多的不只是顾客，还有我们自己。

5. “焦点效应”揽老生意

我在D店做了一段时间店经理后被提升为区域经理，负责一个片区的门店经营。有一天，我到一家门店巡店，碰巧遇到了一位两年未见的老顾客。我俩聊了几句后，该店的店经理引导这位顾客买了一些东西，我另外又向她推荐了几款适合她的产品，这位顾客欣然接受，客单价瞬间提高了100多元。至收银台结账时，店经理请顾客出示会员卡，顾客说没带，店经理问她手机号准备查询。我走过去说“不用了”，马上报出这位顾客的姓名与会员卡号。这位顾客极为吃惊，说道：“这么长时间没见，你还记得我的卡号！”我笑着说：“是的，有些顾客的姓名和卡号我一直记着！”

上天总会安排一些特定的场合来考验一个人。对于在门店导购的药店人来说，每一天都是一场考验，想要在这场考验中取胜，需要对顾客极度关注，特别是VIP顾客。我之所以会记住一些顾客的基本信息，是因为他们是店里绝对的大单顾客，记住他们意味着留住他们，也意味着业绩的稳定。

记住顾客的姓名与信息，在销售中用什么角度来“定义”呢？其实这是人的本性使然，卡耐基说过：“我们每个人都渴望被重视，希望成为一个重要的人物！”而记住对方的姓名与信息，就是重视他的一种方法，我们也可以称之为焦点效应，即让顾客本人成为我们的焦点。

焦点效应有哪些价值，又该如何创造呢？

（1）培育大单顾客的忠诚度。当顾客感受到自己在我们店或者在我们心中地位确实不一样时，他们会回报给我们同样的尊重即忠诚，这也是焦点效应对门店锁定 VIP 最大的价值。

这与会员制有着本质的区别。会员制度给 VIP 的待遇在顾客看来是理所当然的，是预期内的服务，而“焦点效应”带给顾客的则是意料之外的惊喜。可以想见上面案例中我说出顾客姓名的那一刻，她是怎样的惊讶！

（2）减少导购成本。对于门店店员来说，最轻松的就是接待那些大单 VIP 的老顾客，导购他们不需要花多少时间与精力，往往转眼工夫当班营业额就会发生质的突破。而接待一些首次到店的顾客，我们要经过一系列的交流才能建立起信任感，而且往往也就是几十元生意，成本大，收益小。

（3）机器没有感情但人有。一些药店同仁会说，通过电脑查顾客信息既快又方便，何苦记顾客的名字呢？是的，的确顾客信息调出来非常容易，只是，感觉不一样！为什么呢？因为留存在机器里只是一份资料，而记在我们大脑中是一份心意。顾客懂得这是对他的重视，这份心意虽有商业味，却能化解“铜臭味”，能引导出朋友之间的认识、交流与情谊。

（4）怎样记住顾客的名字？这是一个见仁见智的问题。一般来说，我们会通过顾客购买的产品与他的名字、形象建立直接联系。也就是说，一些老顾客进店，即使没有说他要什么，我们也能条件反射式地走到顾客要买的商品区域；顾客也有默契，进店不问便直接走到相应货架，就看你能不能感应到。这是很有意思的导购场景，而往往这种场景能使我们将顾客记得更深刻，这是记住他们名字的一种“形象记忆法”。

当然，我们也可以通过反复默念、只记一部分顾客比如 20 个 VIP 顾客的信息等方法，确保信息精准无误。其实，说到底，用心就会记住。

“焦点效应”的运用难在人会遗忘。顾客群在不断变化，虽然，一部分顾客相对忠诚地来店，但是不稳定因素有很多，比如拆迁等，门店需要不断地重新整理自己的“焦点”顾客。同时，有些顾客到店的频次也会因疾病阶段的不同而不同。一些曾经的 VIP 顾客隔了很长时间再到门店，我们会不会突然想不起来他的名字呢？所以，要持续巩固“焦点效应”才能留住更多 VIP 顾客。

6. "恐吓"营销适可而止

金宝是F药店的店员。那天，一个女孩买紧急避孕药，金宝建议她带一瓶天然VC。那个女孩问为什么，金宝说避孕药有"毒"，需要VC来缓解。那个女孩迟疑了一会儿，避孕药也没有买就走了。

这是一个真实的情景。后来我到各个药店静下心来听，发现不少药店同仁都会运用这种"恐吓"营销法。为了能推荐出去产品，他们会将顾客的疾病说得很严重，或者夸大疾病潜在的风险与药物可能存在的副作用，并说用自己推荐的产品就可以避免。这样做也许在某一次导购中成交了，但至少有以下几个弊端。

（1）有违职业道德。药店人要有仁慈之心。利益面前，需取之于正道，而不能故意"吓"人。这种营销从良心上来说也过意不去，不如少赚一点睡得踏实。

（2）破坏团队与企业形象。在一个团队中，如果有一个人失去分寸，以过度"恐吓"的方式来引导顾客买单，而没有人及时制止这种做法的话，那么使用其他正确的导购方法引导顾客的同事心里会愤愤不平，这样既伤害到顾客，也伤害到团队、企业形象与信誉。

（3）带来顾客纠纷。虽然多数顾客没有学过医药知识，但是信息传递与获取十分方便，扭曲的夸大宣传即使一时不被识破，顾客迟早也会得到求证并弄清楚的。如果顾客真的很执拗，势必会引来麻烦与纠葛。

（4）影响长久的生意。不要想着只做一次生意就了结了，顾客与我们离得并不远，说不定就是隔壁店新来的员工，或者对面新开张的店铺老板，也可能就是我们店铺楼上的住户。我们与顾客关系密切，而非形同陌路，一次得逞，也许顾客永远不来。

员工导购使用这种“恐吓”营销多源于自身专业度不够，或者急于求成，也可能是心术偏离。当然有一些员工并无恶意，只是说得不好听或者不会表达，用语出现了问题，这些都需要规避。

销售人员之所以喜欢运用“恐吓”营销，是因为这种销售法的确能使顾客产生紧迫感，不再推辞，当即购买。我们在导购时可以把握适当的尺度，取其中有益的成分，帮助自己实现成交。该如何运用“恐吓”营销法呢？

（1）用语科学严谨。举一个例子，我们要推荐液体钙给目标人群，可以说适当补钙能防治骨质疏松，同时可以说明骨质疏松的危害，比如，引起骨痛、驼背且易发生骨折等，但是我们却不能说“不吃钙片就会骨折”。在销售深海鱼油时，我们只能分析其预防和保健作用，不能夸大为治疗心脑血管并发症，说“不吃就会中风，吃了就不会中风”是不科学的。

在销售药品时，要以规范的用语、有科学根据的内容去说服顾客，而非为了成交随意组织语言。

（2）准确告知顾客潜在危害。的确，许多疾病因饮食、生活习惯而起，也会随着时间而愈演愈烈，我们通过合理调整与用药，适当干预，可以起到延缓与推迟某些疾病出现的时间或避免其出现的效果，这些准确的知识可以明确告知顾客，对于推荐成交是有益的。

（3）站在帮助顾客的角度。“恐吓”营销的目的如果只是为了卖产品给顾客，就容易“走火入魔”。当我们以帮助顾客预防与改善可能出现的不利情形为目的时，走的方向就对了。

（4）不要真的“吓”顾客。虽然叫作“恐吓营销”，但其本质是引发危机意识，因此也可以叫作“危机营销”。不要误解了“恐吓营销”的本意，以为“吓”顾客就做到“恐吓营销”，这是会笑掉三岁小孩子门牙的。

可以说这一营销方法与行为由来已久，只是被不断地演绎与重装。但是时代在前进，药店在变革，我们不能用过旧且不科学的方式继续去制造“恐怖”，须知顾客本来就身心脆弱，何以能承担如此“吓人”的谎言与重担呢？

7. 成交从找痛点开始

白露是G药店的店员。这天，一位女士带着约两岁的小孩进店，要买妇科用药。白露很顺利地推荐了重点产品，为了扩大“战果”，白露问顾客要不要给小孩子带些钙片。顾客说小孩每天都喝牛奶，而且食物中也有钙，不需要补钙。白露被这句话给“噎”住了，不知如何回答，只好说“那好吧”，然后给顾客结账。

在每天的导购中，白露不止一次遇到顾客说“不”、“不需要”、“没有这个必要”，当顾客以直接否定的方式回答员工时，很多药店同仁便无言以对，觉得顾客都已经否定了，那自己不必再推荐，以免引起顾客反感。事实上，顾客说“不”时，并不一定是真心，可能只是随口一个习惯性的拒绝。只要合理引导，就能从顾客的拒绝中寻找到新的销售点。

这里就要说到SPIN模式——S（Situation）是指现状、P（Problems）是指难点、I（Implication）是指暗示、N（Need - Payoff）是指需求效益。SPIN模式其实我们每天都在接收，广告就是用这种方式打动受众的。一般来说，广告开始都会展示一个问题（也就是现状），而且可能是我们现有的且没有好的方法来解决的问题（难点），然后广告推出的产品恰好提供了立体化的“解决方案”（暗示），让你看到了使用效果（需求效益），因此，你乖乖地被这个产品“俘虏”了。这种模式在导购中同样可以用到。

我们仍以白露遇到的这个案例来分析。当这位顾客说到不需要时，可以这样来引导：通过饮食补钙是对的（此时可观察一下小孩是否有枕秃，或问一下是否有磨牙等可能由缺钙引起的现象——现状），不过食物中的钙吸收是一个问题，这样摄入的钙量是不够的（1 岁以上儿童成长日需钙量 600mg 以上，食物中可获得 300～500mg——难点），这个时候，需要额外给小朋友补充一些钙（暗示），比如 A 品牌的钙片添加了维生素 D，更好吸收，有不少回头客都反馈对小孩子改善缺钙症状效果不错（需求效益）！

在这个引导过程中，难点就是顾客的“痛点”，顾客说“不”是因为没有感受到痛点，或者对痛点不敏感。我们在引导时，应明确而巧妙地告知顾客其“真正的难点与问题”在哪儿，让其觉得现状是不好的，因此后面的作用介绍与需求效益才能有效说服顾客。

不过，在运用 SPIN 模式时，需要注意以下几点。

（1）现状应真实。在与顾客交流时，现状问题最好引导顾客自己说出，或者你帮她去发现。比如顾客脸色不太好，可能她这次是买其他方面的药，此时通过关切地询问其最近是否太辛苦了，或者是不是熬夜了，要让顾客知道自己的脸色不好，帮其分析原因，并做后面的产品推荐。而这里的现状应是顾客真实存在的，不可无中生有。比如有些同事为了推荐自己想卖的产品，故意夸大危害则不对。

（2）难点应具体。有些时候顾客会自己说难点，比如，口腔溃疡反反复复的，老是不好，真难受；失眠，吃了不少药，医生也看过了，就是没办法，真痛苦。我们引导顾客的难点问题时，也应具体到顾客的症状，包括用专业数据进行分析，比如上面提到的儿童日需钙量与食物中的获得量。这需要员工多学习专业知识，以更精准地找到顾客的痛点。

（3）通过产品来暗示。当顾客知道了问题所在，此时他也想找到一个解决方法，因此，适时拿出产品并结合顾客的难点进行讲解，就能收到较好的效果。

（4）需求效益要可靠。我们在举例子时应提供有说服力的实证，比如，自己的亲身经历、同事使用后的效果、老顾客的真实反馈等。如果有权威方面的资料更好，这正是广告总是用一些专家形象或明星代言的原因。在门店导购时，如果没有这方面的案例，也不可杜撰，倒是可以多问问其他优秀的门店，或者搜集相关资料。

门店导购中，顾客主动来要产品的情况虽有，但并不多，我们想要发挥自己的能力、创造价值，就需要从顾客的“不”开始，撬动顾客的内在需求。这样在门店工作，才看得到实实在在的业绩增长。

8. 药盒上的视觉销售法

F药店的导购高手素君在导购时有一个习惯性的动作，就是将药放在顾客手上，然后对着盒子上的说明跟顾客一一解释。产品只要是适合顾客的，往往很容易被接受。是什么神奇的力量使得素君能如此轻松导购呢？秘密就在于药盒本身。

很多药店人导购时喜欢自说自话，然而，产品就在顾客面前，顾客自己看得到，从心理学角度来说，顾客更愿意相信亲眼所见。所以，要多用视觉营销去打动顾客。拿药盒来说，在导购时可以运用到药盒上的如下特征。

（1）标志。顾客在购买时非常担心的一个问题就是安全性。我们在导购非处方药时，可以指着OTC标志向顾客解释，这是非处方药的标志，说明这种药物相对更安全一些。当然，必要的情况下，也可以解释一下甲类和乙类的区别。

（2）国药准字号。不少顾客购药时都会问："这个药有用吗？"此时，直接回答"有用"，既显得武断又没有说服力。可以向顾客指出药盒上的国药准字号，告知顾客这是国药准字号的产品，上市前都会做相关的临床试验，是被确认有效的。当然，使用过程中，个体会有差异。

（3）药名。药店人在导购时，根据顾客的情况，宜推荐药名能直接告知顾客作用与利益点的药物，如顾客患痔疮，推荐痔速宁、化痔灵，或者消痔胶囊，一听名字顾客就知道适合自己。特别是新员工在导购时可以运用这一点，因为新员工本身说服力不强，通过产品本身的"说服力"，可以提高成交率。

（4）药盒的颜色。不同的顾客，其性格与心理特征也不同。内向型顾客更易接受冷色调包装的药品，而外向型顾客可能更多选择暖色调包装的药品。当然，也有例外。实在弄不明白，就根据顾客的穿着颜色来拿药，这也是可行的。当然，最关键的还是药品要适合顾客的病情。

（5）效期。药店同仁都怕说效期，其实，门店多数药品的效期还是较好的，所以，导购时巧妙地运用效期、生产日期等信息能成功影响顾客。比如，H品牌葡萄籽素的生产日期是上个月的，与顾客交流时可以说“这个商品走得比较快，批号都是新的”，暗示顾客这个产品买的人较多；有的产品有效期较长，销售时顺带说一句“这个产品要坚持服用，而且保质期长，可以多备一些”，也能实现客单价提升。

（6）说明书。比照着药盒上的功能说明向顾客解释产品作用，比自己干说要强很多。如果是可以打开的药品，必要时可打开包装，展示给顾客看，将里面详细的说明书拿出来向顾客讲清楚，这样做还能避免顾客用药出差错。不少药店人不愿意打开药品盒，觉得麻烦、浪费时间，其实在顾客看来却是认真负责与尊重的表现。

许多药店同事说在药店工作是一件苦差事，然而，于我而言，药店工作多有意思、多有乐趣呀！每一种药都有生命力，只要你用心发现它，好好爱惜它，与它交流，它也会向你诉说许多秘密，帮助你实现你的人生价值。

9. 权威效应打造销售“神”力

银芝是Y药店的店员。公司在推广产品时，总会在宣传中加入一些典故，比如古时候某个大人物用过这个产品，或者是当今某某明星也在用这个产品。银芝在与顾客的交流中会自然加入这些故事，发现说服力确实强很多，顾客就算不买也会频频点头。

药店同仁用得最多的一句话是：“这样，我请我们药师过来给您看一下!”话虽简单，却向顾客示以不可动摇的专家权威，顾客多会“服从”药师的指导。

这种特殊效应在销售中叫作权威效应。所谓权威效应，是指一个人在社会上地位较高，其主张对他人的影响力更大，人们大多会认可并遵从他。也就是说，利用权威效应可以在很大程度上影响和改变他人的行为。

在导购中若能巧妙运用权威效应，也将助成交一臂之力。具体来说，权威效应在导购中有如下表现形式。

（1）明星效应。店内产品中有一些是明星代言的，在与顾客沟通时可以明示这一点，用明星的光环增强自己推荐的说服力。比如在销售某感冒药时，可以说这个感冒药是哪个明星做的广告，最重要的是，它的产品质量与效果确实是被认可的。

（2）专家效应。在导购时可以有效借助业内专家的话或主张，或者借用专业资料里的内容，向顾客证实你所说的并不只是你个人的观点，而是业内共识，或者是专家的指导。比如我们在销售一些有难度的药品时，可以借力专家对该药品的推荐，这比单纯地自说自话效果更好。

（3）职位效应。导购中遇到有难度的问题时，可以请店长或区域经理来协助，或者请药师来帮忙。因公司职位安排与执业资格赋予了他们更可信的“说服力”，在解决一些难题时，往往是“人一来，事即了”，可见职位、资历在人身上的效应也是非常给力的。

比如当顾客要求给予更大折扣时，我们通过请示领导的方式向顾客表明，顾客的要求确实不是自己所能满足的。当请示后，经理以肯定的口吻告知顾客确实无此优惠，相信顾客也不会再纠缠了。

（4）顾客效应。顾客的使用感受很有说服力，虽然他们不一定是知名人士，但是就在这个小区内，或就在这附近方圆几里内，其影响力不可小觑。我们说出某个顾客的使用感受，对其他顾客而言，也是会有说服力的。

我在导购中常会用到这招。比如跟顾客说，“附近××酒店的老板经常来我们店里买这个药，反馈不错”，或者“××事业单位的部长常来我们店里买”，这样的信息会增加门店与产品的“可靠性”。

权威效应是一种借力之举，但是在运用时不可弄虚作假，而应实事求是。虚假的权威终究会被戳穿，正所谓“做销售就是做人”，做人还是实在一点好。

10. 有一种销售叫“劝顾客不要买”

仙儿是W药店的店员。在导购过程中，仙儿帮顾客分析病情后喜欢问顾客家里面有什么药。比如顾客有炎症，仙儿会问顾客家里有没有消炎药。如果有，且药也适合，仙儿就会劝顾客不要买，先把家里的药用完，只买家里没有而又是顾客需要的药。这种做法不是明摆着丢失营业额吗？人家都巴不得多卖点，即使顾客家里有也希望他们再多买点，反正效期长。仙儿却反其道而行，但是她的老顾客越来越多，仙儿的这种行为是什么法则呢？

从销售的角度来给仙儿的方法下一个定义，就是“让步销售法”，与我们常用的主动推荐似乎截然不同。主动推荐是找出顾客的需求从而增加销售额；而让步销售法则是充分利用顾客家中现有的药，其出发点是减少顾客本次购买，帮顾客减负。这种方法看似很“傻”，实则既利他又聪明。

让步销售法的好处与注意点有哪些呢？

（1）顾客记忆深刻。一般来说，有悖常理的事总会给人留下极为深刻的印象。到了药店，店员不劝你买药，反倒劝你不买，这会令很多消费者心动且铭记于心，会提升顾客的忠诚度。

（2）顾客高度信任。虽然仙儿本次销售的产品可能少一些，但是却赢得了顾客的高度信任，后期回头率高且销售过程中顾客异议少。当然，并不一定要等到顾客下次来才体现出其价值。有很多次，我在导购中劝顾客不要买时，顾客往往当场购买了很多其他产品，也许只是因为更加信任我了。这里的前提是我们的劝与引导都要合乎情理。

（3）员工导购会轻松许多。店员老是推荐更多产品，压力大且很辛苦，这种让步销售法瞬间获得顾客好感，员工导购起来更轻松，还能如仙儿一样培养出一大批老顾客。

（4）需要管理者开明。以个人经历来说，如果导购时管理者在场，店员劝顾客不要买，说实话多数管理人员都会不理解。他们不了解导购实情，会觉得这个员工是不是有问题。员工这么做心理压力也很大，多推会被肯定与鼓励，而“劝不买”则需要管理人员开阔的心胸，需要他们清楚导购实情，不依片面情节妄下定论。

（5）何时劝不买。一般来说，我们在顾客购药时问及顾客家里有哪些药，有合适的药的话可以建议他不要买。不过，也要问清家里还剩多少量、够不够。有些顾客仍想备一些，此时我们当然顺着顾客的意思，但是因为我们有劝在先，顾客会很感激。

另外，在顾客犹豫不决时，我们也可劝他“暂时不要买，考虑清楚了再来”。这样做其实让顾客与导购人员都释然。

顾客心理是极其微妙的，导购过程其实是与顾客交心的过程，也可以说是“心理战”。智者常常极有耐心，或者说懂得放长线，而让步销售法就是这样一种技巧！

第五章

Chapter 5

待顾客如至亲

1. “宰客”不可为

素生是G连锁药店有限公司D店的店员。公司对指标的要求很高，为了完成指标，素生有时在导购中就抱着“进来一个宰一个”的想法，拼命推荐。有些顾客因为不好意思拒绝的确接受了她的推荐，在一程度上帮助她完成了指标，这更强化了素生的这种做法。

一些药店同仁可能也会有如素生这般的做法，这会给门店带来什么呢?

（1）减少客流。这种宰客行为，虽然当时顾客嘴上不说，但是心里面很生气，只是没有发作而已。他们采取的行动就是以后再也不来，或者尽可能不来，这种导购行为只会使进店顾客越来越少。

（2）损害品牌形象。顾客到店是因为相信这家药店，遇“宰”后，顾客会对这家药店很失望。顾客之所以买单，是因为药店在形象方面做得不错，顾客在现场时因不好意思回绝而买了自己并不想买的东西，但是最终顾客会回归理性，不再相信这家药店。

（3）违背药学职业道德。药店经营虽然也是做生意，尽管也不易，但是因为药品包含着人性关怀、生命安全，其意义不能等同于普通的商品，所以，我们在导购时应遵守最基本的职业道德，要以帮助顾客消除病痛恢复健康为先。

那么，如何平衡好业绩与职业道德的关系?

（1）尊重顾客的选择。事实上，优秀的导购人员不会强调产品好坏，而是不断地向顾客解释产品差别，告之顾客产品的特点、能解决什么问题，最后由顾客自行选择适合自己的产品。这样做会令顾客觉得买了自己想买的产品，而不是强推的产品。

（2）退守原则。如果顾客只想买一种药，那么应推荐最能解决顾客问题的产品，而不是给自己带来更多好处的产品。

（3）顾客真的满意就好。顾客满意了，就会出现重复购买，成为长期的顾客。而“宰客”只能有一次，是极端行为，也是错误的做法。

（4）放平心态。选择在药店工作，薪资可能有限，但是会收获其他行业所无法得到的东西，比如，顾客感激的目光、顾客信任你始终只找你拿药等。如果想提高收入，可以通过专业路径提升自己的执业资格水平、培养管理能力等，也可以通过专业化的关联销售实现对顾客有益的推荐。当然，前提是尊重顾客的选择。

药店人应始终抱着为顾客着想、帮助顾客的想法去工作，如此必将换来更多的回报。

2. 把投诉转化为机会

维林是S药店的店员。那天，一个顾客来店里大骂，说买的瘦身产品有问题，吃了之后出了一身疹子，还将门店的门拉下来，不让做生意。虽然这件事后来解决了，而且顾客也不是针对维林的，但是维林还是感到很可怕，过了很久想起来仍然心有余悸。

顾客投诉的种类有很多，许多企业在内部培训时都会说到。在处理投诉时，我们都知道通过缓冲来安抚顾客情绪，聆听、询问与分析顾客抱怨的真实原因，及时回复顾客异议，并做出相应处理，帮顾客解决问题。然而，很少有人去探查在投诉中的销售机会。其实，处理异议的最后一个环节即重新销售，这一点一般被忽视，因为大多数人沉浸在解决顾客异议的心理状态中跳不出来。

怎样才能把投诉转为销售机会呢？

（1）理直气“和”。多数顾客的异议是由于顾客本身对产品不了解或使用不当等导致的，我们说清楚原委后，大多数顾客都能接受。但是，在说的时候需要注意我们虽理直但不能气“盛”。

一位中年妇女购买了复方氨基酸软胶囊，因夏天气温高保存不当导致液化，于是跑来店里闹。我在了解了这位顾客的情况后一直保持着良好的态度，委婉地向其说明道理，以免伤害到顾客的自尊心。经解释后顾客明白了，此时再引导到产品本身的作用上来，并成功销售了另一个品牌的复方氨基酸软胶囊，同时告知顾客务必注意保管。这里是气“和”转变了顾客的态度。

试想一下，如果因为理直而气“盛”，虽然说服了顾客，但是顾客走了之后，也许再也不会回来。

（2）回归顾客的本原问题。虽然处理了异议，但是顾客本身的问题仍然存在。也就是说，可能是产品不适合顾客或者是顾客的特殊体质不适应产品，但是顾客原先来购买产品的需求仍然存在，我们需要帮助顾客找到更适合他的产品。

（3）帮顾客申诉，维护正当权益。许多药店同事可能特别怕投诉带来的麻烦，因为这个过程的确让人觉得非常辛酸且牵扯精力。我曾为一个顾客找厂家退药，通过400免费电话沟通几十次，持续一个多星期。早上打，晚上打，回到家里还打，最后终于帮顾客退回了所剩产品，同时报销医药费用。但是当把这个结果告知顾客时，顾客却感动地说：“不用了，看在你如此用心的份上，算了吧。”

人心都是肉长的。如果日后顾客要买东西，自然还会愿意到这里来，为以后的生意赢取了机会。

（4）合理退药莫为难。卖出去的产品被退回，很多同事都不乐意，所以往往第一步会先问原因，合理就先换产品。如果顾客坚持退，其实完全不必为难顾客。只要注意检查药品是否是本店批号、是否有本店小票、询问购买时间和当时情况，确定是我们卖出去的产品，并且不影响第二次销售，就完全可以退款。

如果影响第二次销售，可以酌情处理，但原则应以顾客为上。这样做虽一时少了营业额，但是将来还会有更多的生意。

开门迎客，心系百姓，顾客有个体差异，出现一些特殊情况也是情理之中的事。药店人不但不应害怕投诉，还应投身于积极预防投诉并将出现的投诉转化为销售机会。

3. 主观强加不可取

似乎很多药店人在观察顾客时，总会强加一些自己的想法。有一次，我进一家店看了看，营业人员上来问："你要什么？"我说随便看看。营业人员说："我们这里是药店，都是药，有什么好看的。你要什么就说一下，我告诉你在哪儿。"

这句话表面上是帮助顾客，但听的人心里面却不舒服，因为这句话的潜台词是"如果不想买药就赶紧走吧"。

我还遇到过其他的接待。进店后，我随意看看、逛逛，药店里的工作人员就说："你是要计生用品吧？你是要补肾的吧？"还有更直接的："哎，你要买的药在这里，你过来看一下。"我顺着营业人员说的方向看，工作人员直接拿着想推荐的产品等着我。

我观察了一下，原来，很多药店人接待随便逛逛的顾客时都会主观地猜测他想买什么，进而直接说出来。但事实上，这种判断往往都是自己"想"出来的，并不是顾客的真实意图。

为什么药店工作人员要主观推测顾客的购买意图呢？原因有以下几点。

(1) 以自己的经验去猜。一些店员认为顾客逛逛可能是不好意思说出口，于是总想着用一些隐私性的产品去刺激顾客，以期获得一笔生意。虽然确实有少数顾客存在这种心理，但是比例极小，而对每个顾客都用这种心态去套就显得功利而片面。

(2) 先入为主。习惯性的思维会促使店员以主观推测的方式进行引导，这种先入为主的引导方式其实是不尊重顾客的表现。

（3）没有换位思考。店员主观强加自己的想法给顾客，大多只是站在自己的角度去想，而不是站在顾客的角度去想。即使一些员工参加了相关培训，可是在实际工作中，他们仍很难做到换位思考，可见好习惯的养成既漫长又艰难。

要解决这种主观强加的不良导购方式，只需要学会用开放式的问句，即在导购时多问顾客有什么可以帮到他、怎么不舒服、有哪些症状，或者问需要哪方面的药，这些开放式的问句能打开顾客的心扉，进而顺利导购。

4. 建立顾客信任的七个细节

康宝是F药店的店员。康宝认为自己的沟通能力很弱，一时想要提高又很难，他希望我能给他一些不用说话却能赢得顾客信任的方法。我想，人各有不同，表达能力有高有低，不能要求每个同事都能说会道。有没有一种方法，即使是口齿不清的同事也一样用得上而且能迅速获得陌生人的信任呢？

抛开语言的力量，其实更有效的方法不就是我们的行为吗？动作对顾客的影响力远胜过我们所“说”的。在分析了许多“高手”的销售经验后，我将他们的动作做一个总结，得出了下面这七套“拳脚功夫”。

（1）倒杯水给顾客，问他要不要现在吃药。一些顾客买药后会左右看一下，我们知道顾客在看什么吗？很多时候，顾客是想看下有没有饮水机。发现顾客这样的行为后要及时问顾客要不要现在吃药，多数会得到肯定的回答。此时倒上一杯温开水，顾客接水时会非常感激。

即使顾客不想现在吃药，能提供一杯水，不管是夏天还是冬天，都是一种有亲和力的问候。一次一位女士进店问有没有开水，当时正好店里面的饮水机的水用完了，还没有送过来，同事便到隔壁的店铺帮她倒了一杯开水。

（2）走到顾客同一侧去展示药品。顾客常会站在我们对面，导购中在合适的时候，有意走到顾客同一侧去展示药品，与顾客的心也会走得更近。

有一次，我在处方柜台里展示药品给顾客看，顾客一直在犹豫，当我走出柜台到外面与他交流时，这位顾客一下子听明白，马上去收银台付款了。

更多的时候是在 OTC 货架处，顾客往往会习惯性地站在我们对面。当顾客这样做的时候，我们可以调整自己站的位置，移到顾客同一侧。形象地说，就好比我们一边看湖景，一边侧着身与朋友聊天一样，就是那个位置。

（3）请顾客坐下来。店里面有凳子，看到年纪大些的或者进来已经有点累的顾客，主动请顾客坐一下。不需要更多言语，此时无声胜有声。

一次，一位老奶奶驼着背，拿着一个包，进店时已有些喘气，我赶紧请同事帮忙拿来凳子。老奶奶就坐在门口说："你们的服务真好！"

（4）合适的时候，轻拍一下顾客的手臂。许多销售"高手"都会有这样的习惯。这个动作是在暗示顾客："我把你当成自己人！"顾客在后面的交流中会自然而然地流露出把我们也当成自己人的态度。

这种暗示具有"神奇"的作用，不过，遗憾的是，它一般只用于同性之间。

我的一位同事非常善于运用这种技法。她导购的成交率很高，更重要的是，来店里找她的老顾客特别多，这与她的这种"自己人"暗示动作有很大的关系。当然，主要是源于她的真心。

（5）拿个计算器过来。当顾客为价格而纠结时，拿一个计算器过来帮助顾客"精打细算"，找出性价比最好的那个产品给顾客。事实表明，没有顾客会拒绝这么为自己着想的营业人员。

我在卖营养素的时候，往往都会用到计算器。因为营养素单价高，顾客从心理上很难一下子接受，而通过价格拆分法则能迅速化解顾客的"纠结"情绪。

（6）帮顾客照看物品或推一下推车。我做过很多次看货员，也帮顾客看过电动车、小宝宝等；在店中店的时候，更是帮顾客拉过无数次超市里面的手推车。只是简单的动作，得到了顾客好几个谢谢，即使是精明人也会觉得很值!

可能是销售人员的天性吧，很多同事都喜欢小孩子，当“妈妈们”在选购商品时，同事会与小宝贝儿聊天，这样妈妈省心，买东西更专心了。

（7）笑着说。销售离不开说，所以，不能因为表达能力有限就放弃，而应不断地去练习。同时，有一个小小的窍门可以瞬间提升获得信任的指数，那就是说的时候尝试着面带微笑。你会发现顾客也会笑着听。真的很奇怪，这也是销售最吸引我的地方。多有趣呀！你对他人好，他人就会对你好，反之亦然。

我曾带教过一个新员工。刚到店时，这位新员工跟顾客说话声音特别小，经过反复训练，一个月后成了店里的“说话能手”，顾客都特别喜欢她。因为她说话的时候不仅有力，而且总是笑着说，声音听起来特别甜。

多做事、少说话是用于为人处事的，在待客中，多做些有价值有意义的动作，有时可以弥补表达的不足，更可以为口才出众的同事销售时锦上添花。

5. 敏感话题低声说

小樱是K连锁药店有限公司Y店的店员。小樱活泼开朗，不过，有时也会因此忽略顾客的感受。有一次，一位男士在促销商品区看特价商品，问有没有补肾的。小樱也没在意，就大声说“有的”，并且报了一个药名。顾客一听就火了，说“干吗呢，这么大嗓门”，在促销区闹了很久。小樱自己没有意识到这一点。小樱错在哪儿呢？

其实，在药店工作时间一长，因为习惯了，对特殊商品的感觉可能会淡化。但是对于顾客来说，他们在购买这些商品时却格外敏感。哪些商品属于特殊商品呢？

（1）避孕药。顾客购买避孕药时会格外敏感，一是希望导购人员声音小一些，二是希望得到用药方面的指导，而且不希望一直待在收银台。所以，在导购这类商品时，要注意照顾顾客的这种心理，才能让顾客感到“安全”，下次才会再来。与此类产品类似的还有测孕试纸、避孕套等。

（2）妇科用药。一般来说，顾客购买妇科用药时大都要求女员工导购，这样，她们更好交流。当然，并不是说男员工不能导购，只要专业引导，同样会赢得信任。但是不论是谁在导购，都需要清楚地知道这是顾客的隐私话题，所以，顾客同样是非常敏感的。如果顾客不需要导购，也不要强求，可以让顾客先自行挑选，遇到问题时她自然会求助于你。与妇科用药相类似的还有泌尿系统问题的用药，在销售时一样要注意顾客的感受。

（3）男士补肾类产品。尽管男士相对而言不会那么敏感，但是在销售补肾类产品时，同样要了解，顾客并不希望别人知道自己“肾虚”，所以，与这类顾客沟通时也要低调。

（4）痔疮类产品。虽然说“十人九痔”，但是顾客在买痔疮类药品时，不希望让其他人知道。导购时要多引导顾客构建良好的饮食与生活习惯，少吃辛辣刺激的食物，多饮水，多吃瓜果蔬菜，预防便秘，减少复发。

（5）瘦身类产品。有的同仁会说，瘦身类产品也要注意吗？是的，因为顾客来买这类产品时，说明他很在乎自己的形象。我们在导购时如果说得很大声，其他顾客就会去看这位顾客是不是很胖，这会令顾客很不自在，也会影响他购买产品。

当然，这些类别的产品中，痔疮类、瘦身类等产品顾客的敏感度可能相对弱一些。如果顾客进店后表现得很敏感，那么，我们就可以大致知道顾客可能要买哪类产品，这样对导购也是有利的。

小樱错就错在没有意识到顾客的敏感性，无意中伤害了顾客的自尊心。所以说，在药店做导购，要想做好还真是一门学问。

6. 帮顾客算一算

那天，我在门店帮忙做促销。一位女士进店后对G产品非常感兴趣，只是她以前没有在我们这里买过，不知道是不是真的优惠。她在商品面前待了好一会儿，我跟她说："这样吧，我拿计算器帮你算一下，看看合不合算，如果合算再买好了。"这位女士连声道谢。同事递给我一个计算器，那位女士将之前买的价格与规格报给我，我帮她算每一小袋的价格，再算一下店里今天优惠后每一袋的价格，两者一比较，在我们这里买确实还是实惠一些。于是这位女士便拿了两盒。

在门店导购中，很多营业人员会忽视顾客的这一感受。当顾客提出要比较一下价格时，往往不由分说就否定顾客，或者坚持说这里确实很优惠了，更有甚者会说别的地方的产品质量有问题，以此来留住顾客，结果却适得其反。

其实，顾客都希望自己能以更低的价格买到同样的商品，所以，当我们遇到顾客比较价格时，完全可以帮着顾客一起来算一算。给顾客一个计算器，这样即使算出来顾客觉得不合算，顾客还是会觉得你的服务非常好，而这有可能成为顾客忽略价格的一个因素。

除了在顾客比较价格时要帮顾客算一算外，其实，在销售很多药品时，也可以帮顾客算算他每天要花多少钱在想买的药上。这样算有如下几个好处。

（1）可以实现价格转化。一些产品价格可能要几百元，但是算到每一天可能只需要一两元，这样顾客就很容易接受。

（2）帮助顾客选择适合自己消费水平的药。一些同成分的产品，厂家不同，价格可能会有较大差异。因此，帮着顾客算一算哪种更合算、消费得起，也是很有意义的事。特别是一些慢性病用药，如高血压、糖尿病用药等。

（3）顾客购买的品项较多时。一些顾客要买的产品品项较多、数量也较多时，适时给顾客一个计算器，让顾客能准确算出是否在自己的预算内，这也能赢得顾客的好感。

其实，就是递上一个计算器这么简单的动作，却能体现出零售人不一样的服务水准来。当然，现在手机很方便，用手机算也是很多顾客的选择。只是，单就计算而言，还是计算器用起来方便得多，顾客也省事得多。所以说，必要时给顾客递上一个计算器吧。

7. 熟客怎样接待

小静是F医药连锁E店的店员。有一次，小静当班时顾客较多，来了一位老顾客。这位老顾客进来就说："快点帮我拿一盒铍宝，我要赶时间。"小静听到了，只是因为正好在接待另一位顾客，而且同事们都在忙，所以只好说"请稍等"。这位老顾客有点不耐烦了，站在那里没吭声。过了一会儿，小静仍没有过来，这位老顾客就扭头走人了。前后不过一两分钟的事，当小静反应过来时，已经来不及了。看来是得罪了这位老顾客，但是当时顾客那么多，也不能完全怪小静呀。

那么，当我们遇到老顾客或者熟客时，在接待中应注意些什么呢？

（1）分清轻重缓急。的确，每一个顾客都很重要，不过，进店顾客对商品的需求程度是有轻重缓急的。在小静的这个案例中，小静听到后应立刻向正在导购的顾客说一声，先帮这位老顾客拿一下铍宝，然后再继续导购原先的顾客。为什么呢？因为老顾客需求明确，而且已经说明很急了，所以在这种情况下，就需要及时满足老顾客的需求。再者，老顾客觉得自己是店里的VIP，应该受到礼遇。所以，在接待老顾客时要特别注意，细节处要让他们体会到自己受到特别关注。

（2）主动招呼。除了小静遇到的这类相对特殊的事例外，在日常导购中，老顾客进店时要主动招呼，最好能喊出顾客的姓氏来，比如，称呼"王阿姨，您好"，顾客会觉得很亲切。谁不希望自己被别人记住呢？有了这样的称呼，顾客便觉得自己是被重视的。

（3）利用信息化技术。人的记忆力相对有限，但是现在很多企业的会员管理做得不错。POS 机系统可以随时查出顾客的资料来，顾客在结账时，其会员资料会随着会员卡显示出来。这时可以主动说："张先生，您好！一共……"这样会让顾客印象深刻。

（4）额外的小赠品。在接待老顾客时，可以考虑给他一些额外的小赠品，虽然并不值钱，但是会让顾客感到有情义。所以这是可用的一个技巧。

（5）推荐新产品。一些老顾客进店目的明确，直奔商品而来。他们对店内商品的大致位置都很熟悉，包括所经营的品种，所以老顾客拿了自己要的商品就会去结账，很少关注店内变化。可以主动向老顾客介绍新产品，让他了解商品信息，这也是提高客单价的一个方法。

（6）适当改变门店布局。根据商圈与顾客情况，药店有必要在适当的时候改变一下空间布局。一来可以增加顾客的新鲜感，二来可以改善一些商品的动销率，还能让员工不陷入思维定式。

熟客是药店营业额的贡献者，服务好熟客才能保证营业的稳定，所以说，对待熟客一定要多一分关注。

8. 视顾客为好人

达敏是G药店的店员。那天顾客走后，店长乐珠问她："刚才那个顾客你怎么都不跟他说话呀？"达敏是个直性子的人，说："看那人那样就不是一个好人，不高兴跟他废话！"

达敏的这句话值得药店人深思。进店的顾客各式各样，的确会有"坏人"，但是如果我们尝试着把顾客当成好人，那将会给我们导购带来哪些影响呢？

卡耐基曾在一篇文章中指出："在与他人相处的过程中，要学会发现他人高尚的动机。"其中心思想是在劝导内心迷茫者将身边的人都看作是好人，这样，放过的是自己。在导购中，如果我们能及时调整自己的心态，看到顾客"好"的那一面，其结果也将是积极的。

在我多年的导购经历中，发现在与顾客交流时，有时的确会感受到一些顾客的缺点与恶意，但是我故意当作没看见，反而理解成善意，发现顾客也真的就朝"好"的方面配合我了，这是一件多奇妙又现实的事！

在导购中，当我们把心态调整为"站在我面前的这个顾客是好人"时，会有如下几个收益。

（1）发自内心的笑。《员工行为手册》中"微笑待客"的要求往往被员工当成形式，但是当我们自己心里在想"顾客是一个好人"时，内心会溢出喜欢，表现出真诚的微笑来。

（2）抛弃成见。人的外貌有异，以貌取人是人之常情，但对于销售人员来说，务必摒弃这一恶习。当我们把顾客看作是一个好人时，内心会抛弃这种以貌取人的成见。

（3）收获快乐。世间无完人，每个人都有缺点，即使真的遇到了“来者不善”之人，你以礼相待，不善者一般也不会给你不善。更多的情况是，自己因心存好意而收获了快乐。

（4）降低投诉率。在门店，我们发现，心态好的员工被投诉的概率极小，甚至从来没有，而如达敏这样带着“坏人”标准去看人的、心态消极的员工常被顾客投诉。哲学上有句话是：“你想要他人怎样对待你，你就要怎样对待他人”，在现实的门店导购中，真的就应验了。这不是“咒语”，是事实。

（5）改善导购结果。当我们与顾客有良好的交流氛围时，会轻松地获取更多的销售机会。这是因为我们把顾客看成好人，所以顾客也把我们当成好人，并且更愿意相信我们所说的话，也就是说，顾客的信任度更高。

我们可以仔细看一下，门店老顾客越多的员工，其心态往往越“好”，他们的人际关系也非常融洽。虽然他们也要面对繁杂世事，面对压力与竞争，但只是因为他们的出发点是指向好的，所以在同样的情况下，他们收获了更多。可以说，懂得视顾客为好人，也是一种竞争力。

9. 告诉顾客精准的“量”

太林是F药店的店员。那天，一个“苹果型”先生来店买祛火药，太林成功推荐了一个重点品种。顾客看了一下说明书，写着每次要吃2～4粒，他便问自己每次要吃多少粒。太林说：“这个是中成药，没关系，只要在这个正常用量范围内，你自己看着办。”顾客“哦”了一声买单走人了。

这位“苹果型”先生回去之后会选择用多少量呢？不得而知。但是，如果在店里太林能给顾客更准确的用量建议，也许对顾客来说会起到更好的效果。

我来讲讲一次关于药物用量的亲身经历。我由于饮食不洁引起了腹部不适，考虑急性胃肠炎，我从安全性角度来用药，先用了不经血液循环的蒙脱石散，服用时因觉得自己抵抗力尚好，于是只服用了正常用量的一半。然而，腹部不适一直持续了一天，第二天又出现加重趋势，我迅速以0.1g“氟哌酸”2粒口服（我偏瘦）才控制住了。可见药需要达到一个量才会起到应有的效果（这点我们都学过）。而且在我的亲身经历中，还有一个更深层的问题，那就是，治疗同一种疾病的不同类别药物其效果是有层次之分的。我们在导购时应提供符合顾客自身具体情况的用量帮助。

在提供药学服务时，关于用量与用药建议有哪些需要注意的？

（1）顾客体重。不少药物都有正常用量范围，比如上面案例中的中成药，“苹果型”先生因其体重大，其正常用量宜选择上限值，即每次3粒或者4粒，这样使用后才会达到理想效果。否则顾客服用了下限值2粒，对于体重较大的人来说，可能效果不明显。当然，这并非绝对的，用药指导是一个跟踪的过程，我们这里只以常见的情形来讲。

（2）规范顾客自行调量。一些顾客会主动说自己用更大的药量才见效，此时，身为药店人，需要理性地与顾客进行交流。虽然这是顾客自己的个人行为，引起了不利结果顾客也会自己承担，但是，对于顾客超过正常用量使用却应劝止。尽管顾客按自己的经验做觉得很有道理，但是对他会造成危害或者带来潜在的风险。

（3）药物效果与副作用有层次之分。这一点从药理上我们也能明白。比如同样是抗过敏药，扑尔敏、西替利嗪、氯雷他定与地氯雷他定在效果与副作用上有层次之别。

其实，在门店时间长了，如同医生在医院接触的病人多了，我们对药物会有一种经验评价，能评估出药物的效力差别。这种效力的差别可能与厂家、顾客的个体差异、敏感性、药物本身的性质等有关。

我们以治疗牙痛来举例。纯以中药给顾客，在止痛的速度与效果上来看，要显得稍慢且略弱，而非甾体类解热镇痛药则要强且快，但是西药的副作用更大些。因此，我们给顾客用药建议时，就要说明药物的这种差别，由顾客自行来选择方案。顾客得到的便是符合自己意愿的一种药疗，也可以说是更趋向于“个性化”的药疗方案。在这里，导购就不只是为了销售某个产品给顾客。

医生开药，会在处方药的级别上把关，这是处方药要凭处方销售的原因之一；而药店提供常用药时，也需要注意药物效果的层次之分，以确保顾客用药安全有效。

（4）顾客需求有别。事实上，在药店导购过程中，用心去分析一下门店的各类药物，会发现都有效果与副作用的差别。从营销角度来说，就是不同的药物市场定位不同，顾客是需要更便宜的，或者更安全的，还是更快缓解症状的，抑或兼而有之，都要根据顾客的需求去拿药。如今有些顾客仍然愿意服用“安乃近”，怎么说也说不通。有的顾客要的只是解决自己的症状而不考虑其他，他们愿意以承受药物更大的副作用换来“低价”。

说白了，我们结合药物特性及其经济价值可以得出结论：适合顾客的药才是最好的药。药店人就是那个帮助顾客找到最合适药物的指导者。

10. “就喜欢到你店里来”

巧儿是G药店的店长。一次一位中年妇女到店里来买药，巧儿顺利接待后引导顾客到收银台付钱。顾客顺口说了一句：“我刚才去对面那家药店看过了，他们家的这个药比你这里便宜两元，但我还是愿意在你这里买。你会问我这问我那，还跟我聊聊天，他们那边什么也不会。我就喜欢到你店里来！”巧儿笑着致谢。

送走了顾客，巧儿望着对面的那家药店，心想：“到底是什么令顾客不管价格贵也要到我店里来买呢？”

其实，还有许多同样令人想不通的事实：有的顾客宁可放弃家门口的药店，赶远路到另一家药店去买药。其实价钱并不便宜，图的是什么？有的顾客只找某个员工买药，其他人接待不买，为什么呢？这些有悖常理却经常发生的药店导购现象里面深藏着什么？

以品类、品质在同一起跑线上来看，解析这些“怪现状”就得回归到药店经营的本质——服务上来。事实上，产品同质化、品类创新难带来的便是利润的瓶颈，而要破解它，也许正是我们与顾客共同期待的优质服务。我们提供的服务策略能否满足目标顾客的内心需求？我们先来看一下门店服务的缺失。

（1）无人关心顾客。根据对消费者行为的分析和统计，70%以上的顾客流失是由于商家不了解顾客的需求，不能为他们提供满意的产品和服务。在我看来，目前服务在其中占的份额要更大。

（2）站在何种角度？把自己设想成药店的一个普通消费者，我们进店的感受是怎样的？店员是站在为我们考虑的角度说话吗？我们在被推荐的过程中感到舒服吗？我们对门店现场的服务现状满意吗？也许我们心里自会有答案。

（3）谁在进行服务管理？服务的优劣，许多同仁会归因于员工。难道员工不想提供满意服务赢得顾客认同、为公司赚更多钱吗？显然不是，那员工为什么不按标准的服务流程去操作呢？服务管理的迷失应为此承担责任。

（4）服务策略在哪儿？要问一下自己，药店提供的是自助式、体验式、专业型、健康管理还是情感关爱服务，是否有一个清晰的定位？

要解答这些困惑，揭开顾客“就喜欢到你店里来”的谜底，先来看一个真实的导购案例。

一天晚班，来客较多，有三四个顾客排队结账。一位大姐进来了，说要某种含片。我肯定了顾客要的那个药后，进行了置换引导与关联，但顾客都不接受，我给予了适当的用药与饮食提醒。这时还有其他顾客来店，我一边招呼着，一边还是陪着那位大姐到了收银台，并解释道：“今天顾客比较多，要麻烦您稍等一会，不过很快的。”说完我正准备去接待其他顾客，此时那位大姐大声说：“你的服务态度真好！”在店的顾客都听到了，我听了心里自然很美，但是还是说道：“这是我们应该做的。”

事实上，我没有做什么特别的，只是将接待用语说到位，引导到位，不为难顾客，不勉强顾客，关照她到收银台时耐心等待。仅此而已，却换来了她的表扬，这倒令我觉得是意外的惊喜。

那到底怎样做能赢得顾客的心？怎样做才能让顾客喜欢到店里来呢？

（1）关注顾客本人。推荐时，多数人的重点在导购的产品上，却会忽略顾客本人。我想说的是，要与顾客交流。顾客就站在我们面前，需要我们去了解他本人，就像我们与别人聊天时，也希望别人能用心了解自己一样。这种感受如果被接待者识别并照顾到，顾客的满意度会高很多。

（2）换位思考。除了关注顾客本人的感受，还要学会想一想顾客会怎样看待我们的行为与推荐的产品，想一想如果自己得了这种病想得到怎样的帮助。做顾问式的销售人员将有效提升服务效果与效率。

（3）随时关照顾客的感受。顾客在门店的每一秒钟，都是需要我们用心呵护的，要想在价格战厮杀中脱颖而出更应注意这一服务细节。有时，就是一句平常的话，比如，“请稍等一会儿”、“马上就来”等，可瞬间平复顾客的焦虑情绪。

（4）完善的服务标准流程。在与顾客互动的过程中，服务可以通过卖场语言、商务礼仪、行为规范、仪容仪表等进行标准化与细化。若都按标准做，服务自可优化。

值得一提的是，零售药店因人员流动快，这方面需要反复进行培训、不断强化，才能确保服务维持在某种水准上。

（5）完善服务管理。服务的好坏在于有没有人进行管理。运营体系注重对业绩的操作，疏于持续优化服务管理，使服务停留在表面且问题不断重复。企业对服务建立起完整的考评与管理制度，是从根本上改善与提高门店服务的“良方”。

当然，服务管理目前正朝健康管理细化、网络便捷化、自助与体验深化发展。为了适应时代发展、满足顾客新的需求，管理者需要做出决策，准确地给自己定位。定位准确，就能赢得顾客的忠诚。

我们再回到巧儿的疑问。正因为巧儿在导购时进行有效询问，与顾客聊天、拉家常、增进情谊等行为卖了“两元钱”，所以，顾客到巧儿店里并不觉得亏，反而就喜欢来！

一位同事端来一张凳子，让顾客坐下并帮其贴创可贴。这个过程中，顾客反复说：“还是你们这里服务好！”

是的，一切的结果落定于员工的行为、特质与个人优势中，但是服务的水平高低不能只取决于某一两个员工的特殊表现，而应以管理、标准去规范，以培训去带动。高标准的服务是可以卖出一个好价钱的。

11. 想听一句“慢走”好难

天元是F药店的区域经理。天元到别家药店做神秘顾客时，会习惯性地去了解竞争者的优势与弱势。那天，他走访了七八家药店，各家药店都有自己的“特色”。天元是一个“随便看看”的顾客，被接待的过程中，天元经历了“奇怪的眼神”、“热情接待但追问过多”、“无人理会”等“待客术”，而这些药店共同的问题是，没有一家在天元离店时说“慢走”或“请走好”之类的礼貌用语。按天元的话说就是：“想听一句‘慢走’好难。”

天元走到了一家百货商场，仍是一个随便看看的顾客，但是走了好几家商店，服务人员都会说：“慢走!”

为什么在药店里说出这一句话那么难?

在这里，我想举自己带门店的例子。我刚开始以药师身份到门店时，发现公司的标准作业手册上规定的服务礼仪、文明用语全都只是文字而已，同事们对那些“东西”根本不在乎。同事们心里想的是：“说那些有什么用呢? 顾客又不会多买。”

起初我只是一名药师，所有没有去管这事。但是在工作中，我一直坚持顾客进门有迎客声，出门有送客声，时间长了，就成了一种习惯。后来，店长总结说：“范药师为什么老顾客多呢? 因为他总是比别人多做一点! 比如他总会说‘请走好’，总会欢迎顾客……”其实店长这样说的时候，我并没有太在意，因为觉得这只是自己的习惯。后来自己当了店长，带领全店的同事坚持把这些点滴一直做下去，结果，真的起到了意想不到的效果。团队有了共同的“语言”，更有战斗力了。顾客感到我们店有些“特别”，更愿意到我们店来，而不是去另一家连锁店。是什么带来了这种差别？答案应该是点滴服务，或者说是细节！

我们都说药学服务是专业的，然而，在我看来，在专业下面更大的一块基石是服务。服务是什么呢？如果把这个问题抛出来，相信药店人都会说出自己的理解，而且可能很深刻。但在我看来，服务就是照顾顾客每个瞬间的感受。我们用行动的“片段”穿出来的一长串“项链”就是顾客的体验。这种体验，比我们常说的体验式营销对顾客满意度的渗透力更强。

听不到一声“慢走”，反映出服务顾客的意识的缺失。这种现象背后的原因是什么呢？又该如何改善？

（1）行业的服务意识弱。不可否认，有些药店同仁的服务意识是很强的，但是纵观药品零售行业，这种主动服务他人的意识却很弱。也许要改革的是我们的人才培训中心，即医药类院校。在学校里就应该增设“增强服务意识”的课程，而不只是营销与专业课程。

（2）企业自上而下的服务规范。连锁化是药品零售的行标，服务规范化是否也能如此？连锁药店在不断壮大的同时，内部文化建设如果跟不上，将制约其在更大平台上施展拳脚。这一点，看看那些几百强的企业沉浮历史就可以一清二楚。

成功而长久的企业都是在内部服务和外部服务上做得非常成功的企业。因此，药店也要自上而下地打造卓越服务。当然，一开始会很艰难、很不舒服，比如，虽是运营经理也不能在顾客面前摆臭架子，而是要以与门店员工一样的服务状态来接待顾客。

（3）打造团队的服务意识。在培训员工服务礼仪时，不应只给标准，更应给“为什么”，说明了其价值，员工才知道自己说“慢走”有多重要，才会在门店去这样做。

在门店检核中，应将这些服务细节纳入绩效考核中去，用评分来规范。同时，店长应在门店带头做好服务细节，带头说“慢走”，营造人人会说的氛围。否则，新员工到门店，刚开始的培训还能在其身上发挥作用，但是几天之后就被榨干了。他们发现店里的员工都不按标准做，那他们对企业制定的标准还会相信吗？他们以后也不会坚持说“慢走”了。说白了，行为都是带出来的，好的也是带出来的，坏的也是带出来的。如古话说的：“近朱者赤，近墨者黑！”

零售的核心说到底就是做服务，药店虽突显了“专业”二字，却不能因此淡化了服务的底色。我们应重新认识服务在行业里的价值，重新去审视现状是否如我们想象的那样。

12. 你这样说，顾客其实很伤心

利龙是W药店的店员。那天，一位阿姨来店咨询，说自己得了糖尿病，想了解一下这个病。利龙一听，当即回道："哎呀，阿姨，这可是一辈子的病，治不好的，要一直吃药!"阿姨脸色本来晴空万里，一下子转为阴天，叹了一口气就走了。

利龙说错了吗？看似没有，因为说的是事实，但是这种说法却令顾客内心受到很大打击。其实，同样的意思，我们换句话来说，顾客的感受将完全不同。比如可以说："阿姨，这是很常见的病，不用太担心，只要坚持服药、监测血糖、注意饮食和预防并发症，对自己的生活是不会有太大影响的。"

在顾客调查时，我们发现，顾客的购买决定受店员的影响约占40%，而我想说的是，为什么不去关注顾客受店员影响的其他方面呢？比如心理影响。从治疗上来看，心理治疗在疾病治疗中起着非常重要的作用。而我们与顾客面对面，我们的言行举止对顾客是有影响的，包括对他们身体康复的影响。

我在这里将我们无意中说出而顾客听了很心痛的话做一归纳。

（1）"你又不懂。"一些药店人在导购时会习惯性地对顾客说出这种看似天经地义的话。是呀，顾客确实不懂，要是懂，他就不用问你了。但是听到"你又不懂"这样的话时，顾客心里却非常不好受。

（2）"我店里情况我们肯定最清楚了，你自己这样找怎么找得到呢?"我在逛药店说"随便看看"时，不止一次听到这样的话。是的，顾客只是希望了解一下，并不一定会买东西，为什么不给他们了解的自由呢？是怕顾客在店里时间长了，自己要一直看场觉得很累吗？还是希望通过这种方式驱赶顾客？抑或是想以此让顾客买些东西再走？药店只是一个卖场而已，顾客可以随意进出，为什么不给顾客自主权呢？

（3）“这个病很麻烦的。”事实上，确实有不少病很麻烦，但是身为药店人、医药专业人士，却不能给顾客负面的指向。在导购中应引向对顾客积极一面的提醒，比如上面糖尿病的例子，利龙的话导向了负面情绪。其实，我们完全可以帮助顾客客观分析病情，给予解决问题的建议，让顾客明白自己的情况并知道自己该如何做，这样就不会陷入恐慌中。

负面的引导对顾客的即时与远期的潜在影响是非常大的，甚至会影响顾客病程与预后，包括他们的工作与生活。当我们能积极引导顾客时，就会发现自己的老顾客越来越多，因为谁都想看见“希望”！

（4）“这是没有办法的事。”即使是目前世界上没有有效治疗措施的疾病，也同样可以找到一些干预的办法，更何况来药店的顾客患的多数疾病都是有很多办法治疗的。

类似的话还有不少，关键是在导购时要考虑到自己说出的话对顾客会产生影响，当我们以客观、冷静、理性，而不是带着自己的“成见”与负面情绪与顾客交流时，对顾客来说，将是一件暖心的事。我们如果能修炼出引导顾客产生积极行为的导购能力，那么，对顾客来说，将是一件非常幸运的事。“良医”与“庸医”也同样有着这种本质的区别。

13. 对习惯性购买应理性劝导

信多是R药店的药师。在多年的导购中，信多接触过各种各样的顾客。其中有一位重点顾客何先生，患有慢性咽炎，经常到店里来买阿奇霉素分散片。信多开始没有太在意，后来何先生来的次数多了，并且总是购买同样的产品，信多就有点担心，劝何先生要到医院换药，或者改为吃中成药或泡茶的产品，也可以选择其他的健康产品。何先生听明白道理后非常感激，说在别的药房人家都巴不得他多买点，不会有这样专业的提醒，说以后就只来找信多了。

从消费者行为角度来分析，习惯性购买是商家求之不得的，但是药店与一般的零售业态却有区别。以上面的案例来分析，如果何先生经常服用阿奇霉素分散片，久而久之会产生耐药性，再服用该产品效果就会不好。信多药师及时引导其更换药物，提出更好的解决方案，在更大程度上帮助了何先生。从服务角度来说，信多提供了专业的增值服务；从营销的角度来说，信多提高了顾客的忠诚度；从顾客的角度来说，顾客因此避免了一些用药问题。

从这里可以看出，销售药品与一般零售简单的买卖关系有着本质的区别。所以，也提醒我们药店同仁不要简单引用快消品行业的销售模式。

多数产品的习惯性购买都是门店苦心经营的结果，需要不断巩固以增强这种“黏性”消费。但我在这里想归纳一下，有些习惯性购买应特别留意并应对顾客进行理性劝导。

（1）含片或凉糖类产品。几乎每家门店都有润喉糖、枇杷糖、喉宝、清凉含片等性质相似的食品或药品，这些含片多用于缓解咽喉不适，如咽干、咽痒等，也有一些对改善咳嗽症状有帮助。但是需要特别当心的是，这类产品中多含有薄荷，使用含薄荷的产品会使口腔毛细血管收缩。经常反复服用，易产生口腔溃疡。而如果成分里是冰片，长期服用也不妥。可惜的是，从销售的角度我们当然希望顾客买了再来买，从顾客的角度他们也希望改善自己的不适，于是这类习惯性购买便成为常态。但作为专业的药店人，我们应友善指导，向顾客提出多种解决途径。

（2）抗生素类。我们以儿童的某个水果味的抗生素产品来举例。小儿吃惯了这种水果口味的，以后若再有炎症表现，比如支气管炎引起的咳嗽咳痰，家长都会倾向于再次购买这种小儿喜欢的“水果味”。但是经常服用同一种抗生素，特别是体质弱、易生病的小儿，更会出现耐药现象，后期效果会越来越不理想。所以，此时，应建议到医院重新就诊，由医生开其他类别合适的抗生素处方。

成人在购买这些产品时会多年重复买自己吃过的产品，其实，药店人应给出更全面完整的解决方案。

（3）外用软膏。皮肤病易复发，顾客深受折磨，又无良方，只能一次次买药膏擦。以足癣为例，许多顾客会说：“我用过这个牌子的药膏，管用，这次还买这种！”此时，应告知顾客：“不要老是使用某一种外用软膏，时间长了可能效果不好！”不少外用软膏含有激素，长期大量使用也不安全，需要帮助顾客找到更安全的药物。这样既帮助了顾客，有时还能置换成中成药的软膏或其他产品，当然前提是产品有效且适合顾客。这是一种帮助顾客又能成功置换的方法，多赢，何乐而不为呢？

（4）慢性病产品。一些“三高”顾客长时间服用某些药后会出现效果变差、症状无法控制的情形，门店通过一些基础的免费检测项目可以侧面帮助顾客发现问题。当顾客症状加重时，应及时建议顾客到医院就诊，重新评估使用的药物，并由医生及时调整用药方案。

（5）紧急避孕药。不能否定，时代使人的观念发生了改变，也使一些人借由药物“任性”。我在门店导购中，遇到过一些顾客经常购买事后紧急避孕药。我们无法去问其原因，但是却极有必要告知其危害——一年内服用不能超过三次。这是我们常给顾客的建议，同时建议顾客用其他方式避孕。

类似的药物还有一些，我们在销售时需要对那些习惯性购买的顾客进行理性劝导，帮其权衡利弊。

古语说：“是药三分毒!”身为药店人，要帮助顾客拿捏好，避其“毒”性，用其“药”性，观其“效”，调其“量”。用药是一个有原则却又“个性化”的过程，顾客的胖瘦、高矮不同，地区、年龄不同，都要有分别，而顾客用药时间长短、频次不同，销售药品时给其指引也有轻重之分。

14. 就算是对的，也不应强迫顾客

那天，我去一家药店买药，准备结账时，一位阿姨进来说要买治牙痛的药。因为店里面只有一个店员，这位店员让我等一下，然后去帮那位阿姨拿药了。店员直接拿了针对牙痛的消炎药与止痛药，阿姨说："不要吃的药。"店员急了，说："你牙痛必须要吃这两种药。"可是阿姨就是不要，说要牙痛水（就是牙痛酊）。店员一直跟阿姨说要拿吃的药，声音也很大，带着责备阿姨的语气。看得出那位阿姨也有些"火"了，但是忍住了，要了牙痛酊。

这个导购过程中，店员错了吗？没有！但是站的角度有问题。店员虽然给出的用药搭配是对的，但当阿姨坚持不要他推荐的产品时，也应考虑阿姨的感受。店员只需讲明道理即可，没有必要强迫她买。再说了，治疗的方法有多种，在顾客看来，可能上次她就用牙痛酊治好了，所以，这次就仍选择这个产品。我们将自己推荐的道理说明白，顾客知道你的好心，就可以了。

在这种情况下，顾客坚持只要牙痛酊，可以在结账时补充说一句："如果一两天没有好转，还是要及时到医院去看，以免耽误病情。"相信顾客都能明白你的好意。

一次本可以顺利完成的导购，为什么变得这么纠结呢？

（1）顾客需要的是一个健康顾问而不是"推销员"。在导购时，如果我们将自己列入"推销员"的行列，那么，在导购中这种强迫场景就会经常发生。而以顾问式来进行导购就会很轻松，顾客也会很轻松。

（2）我们的好心只需表明，无须强迫。顾客千万个，每个顾客可能考虑的角度都不同，我们是想帮助顾客，但是不需要通过强行的方式来做，只要说清楚就好了。顾客来店既是接受药学指导的过程，也是他们自己选购的过程。

（3）导购时说清产品的不同。当顾客坚持要自己想要的产品时，我们可以通过产品的成分、功效、特点等不同来说明产品的不同之处，包括使用方法、性价比等信息都可以讲给顾客听，而没有必要纠结于一定要顾客接受你的推荐。

（4）顾客会根据自己的经验用药。不少顾客在购药时更倾向于自己用过的药，这样他们会觉得更有数也更放心，这是人之常情。所以，尊重顾客的这种经验，也是"顾客满意"的一种体现。

（5）顾客也是对的。在治疗疾病时，我们有专业的方案，但是也有其他多种解决方案。以上面的牙痛来举例，我们还可以选择用丁硼乳膏来治疗，或选择口服的治疗牙痛的中成药等。不能认为只有自己推荐的消炎药加上止痛药是唯一正确的方案。

接待顾客，靠的是专业知识，却不能只有专业知识，全面健康的解决方案应掌握得更"全面"，而不只是记住了一两个搭配方案。这是药店培训过程中需要注意的。很多药店培训时，只是简单地教会员工某个1＋某个1，但是员工不知道其他更多的方法，究其根底，还是专业基础弱。所以，我们应对员工进行系统性的培训，并且持之以恒，如此，员工导购时才不会陷入某种单一的模式中，也不会出现这种强迫式的推荐情景了。

15. 将“不晓得”转换成主动句

云山是K药店的店员。那天，一个顾客进来问路，云山也不清楚路，顺口说了句：“不晓得。”顾客“哦”了一声离店而去。

其实，这样的情景常在门店发生，当然，并不都是来问路的。有的顾客来问可不可刷医保呀，有的问一些近期在做广告而店里没有的产品，有的问有没有香烟卖等。虽然我们是药店，但是顾客有时并不完全把药店当药店，只当成一个店铺或超市，于是常会有“文不对题”的问题。当然，我们在导购时也会遇到一些不知道的专业问题，当我们脱口而出“不”字句（如不清楚、不可以、不……）时，带来的顾客印象会是怎样的？

顾客迷茫之时，都希望得到一些指点，正如我们自己一样。尽管我们可能也不知道，但是可以尽己所能地提供帮助，因为毕竟我们对周边环境与相关事宜比顾客要了解一些。而且，当我们提供善意帮助时，即使并没有提供实质性的建议，但是一片好意接待往往会收获好感。

我们在待客时，遇到这种“不晓得”事件时，可以做怎样的话语转换呢？

（1）“让我来看一下。”当顾客问到自己不太清楚的路时，可以说“让我来看一下”。倘若确实不清楚，可以问一下店里面的同事，如果同事不清楚，也可以问一下隔壁店的。当我们积极帮助顾客时，就在顾客心中种下了一粒“回头生意”的种子。

（2）“您可以问一下。”如果自己比较忙，可以告知顾客你所知道的附近哪里可以获取这些信息，比如附近的民警在哪儿，或者附近谁对路比较熟悉等，帮顾客做一次转接。

(3)“请稍等片刻。”遇到了专业问题，或自己店里没有的产品，不必急着回绝顾客，可以先了解具体情况，再花时间打个电话给商品部，或者问一下“懂”的人，然后给顾客一些指引。

其实，在导购中，我们常成功引导顾客购买其他产品，比如广告中的某个产品的作用我们很清楚，同类产品有很多，问清顾客的需求后，推荐合适的产品给顾客，也可能成交。

如果不清楚顾客点名要的那个产品是什么，也不要错过机会，可以询问顾客病情，根据顾客的实际情况进行推荐。要知道，药店里的商品是可以解决绝大多数的顾客本质需求的。

(4)“医保的钱也是自己的钱。”顾客说：“你们这里可以刷医保吗?能刷我就在这里买。”可不少店目前不能刷医保，常常欲哭无泪，恨自己店怎么不能刷。其实，这种想法有失偏颇，刷医保自然好，不刷也有不刷的益处。只是我们可以将“不可以”三个字转换成：“医保的钱也是自己的钱，您是要买哪方面的药呀?”或者问顾客怎么不舒服，然后看情况做进一步的引导，虽然都是拒绝，但是方式不同，顾客感受不同，且能争取到一些机会。

我曾复印过市内所有的公交线路与站台名给到每家门店，目的就是希望当顾客问到公交路线时，同事能提供及时的帮助。

大家都说我们生活在一个碎片时代，其实零售做的就是片段，每一个片段都做好了就能拼出辉煌的业绩“七彩版图”。运营精细化的核心是服务的精细操作与顾客的完美体验。

16. “您去对面药店可以买得到”

天明是K药店的店员。许多人总是对竞争者报以敌视的态度，但是，天明却不然。一次，一位女士到店里买药，但是K药店没有她要的那种，天明曾去对面的那家药店看过很多次，知道那家“死对头”有。于是，天明对这位女士说：“您好！您要的药我们店里面暂时没有，不过，对面的药店有，您可以到那家药店去买。”那位顾客听了感激地点头致谢而去。

这种告知顾客竞争对手那里可以买得到其所需药品的行为，我们称之为公关销售法。是什么意思呢？就是，实话实说，不因对面的药店是自己的竞争对手而漠视顾客的需求，或者采取隐瞒信息等方式令顾客茫然不知所措。有时，可能顾客要的药对面那家店也没有，要到某个远一些的药店才有，此时，如果我们知道这样的信息，也要及时告知顾客。这些善意的指点，我们都称之为公关销售法。说简单了，就是想真正帮助顾客解决问题，至于顾客是不是在自家店里买没关系。但是顾客却会因此记住我们店的好，这是用服务赢得顾客芳心的一种销售法。

一些同仁可能不理解，自己店没有，置换不成，就随顾客去，何必还多事给“仇家”做生意？其实，那只是因为他们的心没有打开，不明白公关销售法的“威力”。

公关销售法有怎样的威力呢？

（1）赢得顾客的真诚认同。人心都是肉长的。顾客到我们店里来买药，得知没有，这是一件很平常的事。但是如果此时店员告诉她在哪家药店可以买到，且自己与这家药店不是“一家的”，想想看，顾客会觉得收获了意外惊喜。一是惊于店员如此大度，二是惊于店员如此“神通”，连别人药店里有什么药都知道。太了不起了，太专业了！这种给顾客的价值感知可不是产品本身所能赋予的。

（2）竞争对手亲善攻略。“同行是冤家”是过时的话了，通过介绍顾客给竞争对手，向其表示友善，用战略性的话来说就是兆示，意即虽然两家不会面，但是却能通过这种潜在的交流形成一种互动。当我们示对手以友好时，对手会采取怎样的做法呢？

令人放心的是，顾客到对面的药店里，一般会习惯性地说是哪家药店的人叫自己来这里买的，他们无疑是最好的“亲善大使”。

（3）药店人，一家人。虽说竞争给我们带来了压力，但是没有竞争意味着我们将失去动力。正是因为有了竞争，才给药品零售带来了更多活力，想想看，没有狼存在，麋鹿能不得“肥胖症”吗？所以，我们都应感谢竞争对手。

但是，我更想说，我们都面对着同样的问题，提供着一样的药学服务，面对着相似的顾客群体，药店人有太多的共同语言。抛开企业之别，我们拥有的共同名字不正是“中国药店”吗？在这个大家庭里，我们便是一家人，不论是否在同一个企业，都希望彼此能发展得更好，这是我的心愿。

销售的技巧千万种，但其本源是符合实际、换位思考、做客户的顾问，只要抛开了狭隘的自我，潜心于研究顾客真实的想法与需求，便会迸发出无限的销售灵感来。

第六章

Chapter 6

待商品如朋友

1. 如何提高员工的产品熟悉度

前几天，我前往C城R平价药店买药。进店后，发现这家店的确如想象的那样，生意不错，营业人员都比较忙。我站在保健品区，想了解一下儿童钙片。一位店员上前来询问，因为我带着儿子在身边，于是我说要看一下儿童钙片。那位店员说“好的”，接着就开始在我站立的保健品区找儿童钙片。她从第二层开始找起，没有找到；到第三层，没有找到；到第四层，也没有找到；终于在第五层找到了。她拿给我，说这种钙片是可以吃的，然后说了一下有多少片，就没有其他的介绍了。我看她想拿这个钙片盒过去看看，可见，她对这种产品不了解。

这个品牌的钙片正在全国做大型宣传活动，按理员工应非常熟悉。即使不了解产品的特点，至少位置应该很清楚，但是却出现了上面这种情形，叫顾客怎么相信她的推荐呢?

对产品不熟悉是很多药店员工存在的问题，但是到了这么严重的程度还是令我觉得有些不可思议。出现这种情况有下面这些原因。

（1）员工流动太快。员工频繁流动，造成人员青黄不接。新员工上手没几天，对店内商品的了解需要一个过程，特别是面积较大的门店，熟悉起来需要的时间更长。

（2）缺乏培训与带教。新员工到店后，没有进行及时的培训与带教，单凭员工自己去熟悉需要的时间更长。如果有人用心引导、带教，则新员工熟悉卖场商品所需的时间可以大大缩短。以我在店内带教的经验来看，只要方法得当，一个月时间足矣。

（3）调整陈列。随着季节变化，热销产品会有所不同，所以，门店会随着季节变化而不断调整商品陈列，员工需要一段时间去熟悉商品的新位置。

另外，引进的新品种系列、不断更新的产品以及一时没有到货的产品等动态变化，都需要员工了解。可以用哪些方法来训练店员提高对产品的熟悉度呢？

（1）每天抽查。这个方法对新员工特别有效，能促使他们每天都去了解药品的位置与药品的基本成分、作用等。我们常用的方法就是给员工一个篮子，然后写一张字条，上面有 20～30 种药品，让员工在 3～5 分钟内找出来。根据找出来的药品数量即达成率来考察员工对商品位置的熟悉情况。然后再询问员工这些药品的作用，如员工不清楚，可以进行现场讲解。这种现场问答非常容易被接受，而且让人记忆深刻。

（2）由员工来培训。给员工布置一个培训任务，让他在交接班时给大家培训某一方面的知识。员工为了讲解清楚，自己要先熟悉产品，这样就从侧面激发了他学习的热情。

（3）进行集中系统的培训。这是指员工入职时需要进行短期的商品培训，以便对门店的所有商品有一个大致了解，这样员工到门店后更容易掌握各类别商品。

（4）门店现场培训。更多的时候，需要在门店分阶段就某个类别的产品进行培训。因为是在门店现场培训，带教效果会更好。分阶段培训是指每周内容不同，比如，这周培训止咳化痰用药，下周培训清热解毒用药，并且就上周的培训内容进行现场与书面的考核，这样员工很快就能熟悉产品的位置与作用。

虽说药店竞争到了白热化，其实，在我看来，只要做好最基本的功夫，就不怕外面的竞争多激烈，真正的强者往往就是坚持不懈地抓好门店现场服务的每一个细节。我所遇到的这个案例，相信在不少药店都存在，若能改善这些最基础的服务过程，切实提升员工的产品熟悉度与专业能力，我相信药店一定能经营得越来越好！

2. 复习商品，提升导购效率

资生是Y药店的店员。这天上晚班，顾客要皮康霜。资生像往常一样引导顾客，但到货架区，在一直放皮康霜的位置却不见这个药，资生费了一点时间才找到。顾客有点不高兴，资生本来想做其他关联产品推荐的心情也没有了。顾客走后，资生问了才知道，今天上午来货了，可能是同事将皮康霜换了个位置。不过，这种事情已经不是第一次发生了。

我们常常在店里听到药店人大声问："××药放哪里去了，怎么找不到了?"这样的呼声里有什么问题呢?

卖场并不是一成不变的，即使没有做大的调整，也会因各种原因出现商品位置的变化，比如缺货、来了新货、排面不够等。所以，我们的卖场是在静态中有动态。这里引发的问题便是员工如何能确保信息对称，能在第一时间知道门店所有的变化。要解决这一问题，先得明白随时了解卖场变化的好处。

（1）减少顾客等待时间。我们去超市找某件商品时，如果一时找不到，会去问营业员，营业员会带你去那个商品区或告诉你在哪儿。如果我们能及时找到商品也不会太在意，但是常常遇到营业员也不太清楚的情况，或者营业员指了错误的方向，此时则会心生抱怨。

药店的一个功能是便利。如果顾客在店里等的时间长，或者觉得不够顺利，他对药店的总体印象会较差。时间长了，便会形成一种消费评价，并以此做出是否继续前往的决定，也就是说，会影响其回头率。

（2）节约导购时间。药店员工如果对卖场2000个左右的商品位置非常熟悉，那么，能在很大程度上节约导购时间。

（3）提高卖场效率。在我看来，有些药店人员不仅不缺编，反而员工过多，其中可能就有导购效率过低的问题。在成本上升时，我们不仅要精细化考量坪效，也要考察“人效”。提高“人效”，就需要员工对卖场变化与商品功能了如指掌。

药店下货频次约为每周一至两次，每次来货都会带来卖场的一些小变化，且伴随着顾客的买单，商品也在不断地发生变化。我们需要随时掌控卖场的商品变化。更重要的是，药店人要熟悉全场商品的功用。因此，每天在店里面可以做下面这些事情。

（1）复习卖场商品。以我的经验，每天到店清点贵重商品后，在空闲时再花 15 分钟左右了解卖场所有的商品，因为大多数商品的位置是不变的，这个过程可以很快。因为有这样一个复习的过程，导购时就特别顺手。

（2）复习商品的功用。虽然绝大多数商品的功能主治等信息我们都非常清楚，但是仍有一些较偏的商品，如处方药中的少部分药、新来的商品和销售量很小的商品等，我们并不太了解，需要不断地“重复学习”才能更清楚适用于什么情况、什么人群，这样在机会来的时候，便会建立第一反应。这个“复习”过程可视当班期间忙碌程度灵活调整时间。

（3）检视设备与辅助工具。我在巡店时发现一件很有意思的事。门店员工天天在店里面忙，可是我们进店时却发现门口的 POP 是过期的信息，体重秤的偏差太大，其他设备如货架、灯箱、卖场灯管等都存在问题。卖场是一个流动的公共场所，设备、设施、工具需要不断、认真地养护与检修，而不是随手写一写记录。也就是说，虽然我们很熟悉自己的药店，但是仍要每天去复习它、检查它，所以说，在卖场真的有太多的事情可以做。

3. 理清易混淆商品

仲益是L药店的店员。那天，一位妇女气冲冲地进来骂他，说自己要的是红霉素眼膏，药店却卖了红霉素软膏给她。虽然她并不是仲益导购的，但是仲益也无话可说。好不容易才平息这场“战争”，静下来后，仲益看了看，店里面这样易混淆的产品还不少呢！

大多数药盒的包装都不大，在销售中要特别注意哪些易混淆的产品，以免给顾客与自己带来麻烦？

（1）同“相”不同名。一些药品外包装较相似，有些是刻意模仿知名厂家的产品，但是成分有所增减，或者服用剂量不同。即使成分相同，在销售中也不可以故意以“杂”当“正”欺客。还有一些厂家只以某一两个字的差别（比如同音不同字）来模仿某些大品牌的产品，但是药效却差得较远。我们在销售中都应理性引导，否则将失去顾客。

（2）同名不同“型”。同一成分的药有不同的剂型，比如案例中的红霉素有眼膏、软膏、片剂等，特别容易混淆的就是眼膏与软膏；与此类似的还有氧氟沙星“滴耳液”被当成“滴眼液”卖给顾客，引发药疗事故。

我们在销售时，一是要问清楚顾客，二是要看清楚药品，即使忙碌也一定要把好关。

（3）同厂不同“品”。厂家在生产药品时，为了扩大品牌效应，也为了店员与受众易于识别，往往采取系列相似性的产品外形设计，但是它们的各个产品并不相同。有时如果我们拿药拿快了，可能会出差错。比如，我曾有一次在拿某品牌降压药时，该厂家生产的两种产品包装相似，商品名只差一个字，但是其中一种多了利尿药，而另外一种没有利尿药。当时顾客来要，一时没有太在意便拿给顾客，幸好在询问过程中我发现了不同，才避免了一场不必要的麻烦。

在门店还可以找到很多这种同一厂家的系列产品，比如中成药的六味地黄丸、桂附地黄丸、明目地黄丸、知柏地黄丸等，往往同一个厂家会有好几个品种，而且有一定的相似度，销售时要特别留意。

（4）名相似药不同。这种药也曾有过惨痛的教训，比如地巴唑与他巴唑等，这些药的作用根本不同，但是却很容易被听错卖错。另外，我们在卖深海鱼油的时候，要确认一下顾客是什么情况，避免与鱼肝油相混淆。曾有一位老人来买鱼肝油，但是经过询问才弄清楚，其实他是要来买深海鱼油的，只是不太清楚，随意说了鱼肝油。

卖错了一件衣服并不会危及生命，但是药品会。所以，药店人在门店销售时，既要敢于推荐，又要细心精准地提供药学服务。这碗饭真的是专业饭！不过，用心的人不但不会害怕，反倒会当成一种乐趣！

4. 识别产品增强信心

一次，一家中心门店在做大型促销活动。门口摆了十几个帐篷，活动现场很热闹。在间歇的时候，一位老员工跑过来低声且急切地问我："范药师，你说我们卖的这些营养素真的有用吗？是不是骗人的？"

我在与一些连锁药店的运营部经理闲聊，有的运营经理说："进的产品折扣率那么低，成本就那么一点，你说怎么会有用？"

听到这些问题的时候，我真是啼笑皆非。该如何回答呢？我们自己对产品都没有信心，怎么能说服消费者呢？反过来说，如果认为产品不好，又何必进货呢？因为业务关系、利润率等，不论是什么缘故，身为销售人员，我们是有主动权的。

这话听起来会令一些同事不明就里，却是药店人必须面对的真实情境。

（1）深度感知产品。先说一下我自己是如何看待产品效果这个问题的吧。以营养素为例，在销售很多产品时，我会根据顾客的反馈与自己亲自服用的体验来进行综合评价。所以，迄今为止，我服用过很多种营养素，只是想知道这个产品到底是怎样的。因为与其怀疑，不如验证，随着产品知识越来越丰富，在销售中，卖自己非常清楚的产品与品牌时更有底气。这种感觉应该怎么去表达呢？就是你在顾客面前，不论顾客怎么质疑，都丝毫不动声色，因为自己心里有数，而顾客会被你的这种底气所慑服。

所以，身为一线门店的工作人员，要经常收集顾客的用药反馈或者产品效果信息。当然，要分辨真伪，提取出真正有价值的素材。

（2）查询厂家与产品背景资料。在遇到新品进店时，我往往会迅速搜集该产品的相关资料，对包装上的厂家信息做侧面了解，同时通过网络了解该产品的顾客使用评价、销售网络、资质证明等。如果发现其整体反馈并不是很好，品牌也弱，则不会主动去推荐。因为我们面对的是消费者，买了不好的产品他们随时都会来找我们。

事实也证明，有些产品如果没有特色，效果也不明确，纯粹只是以"忽悠"的旗帜进店，往往用不了多久就会被市场淘汰。在这一点上，我呼吁药店同仁在采购商品时严格把关，不采购走关系低价值产品（这点很难，却关系企业声誉）、不以扣率为唯一指标，新品牌应做全面认真而仔细的分析，建议多与大品牌、老品牌、有过硬资质的企业合作。当然，如果产品好、企业好同时又有较好的扣率自然更好，但是产品的高质将是我们这个时代遴选的首要标准，这样做也是在强化员工推荐的信心。

（3）敏锐的直觉。在门店与商品打交道时间久了，有时从接触产品时的直觉就能感觉到产品的优劣。当然，这只是作为附加评估，仅供参考。

至少我在推荐产品时是非常有信心的，如果没有信心，就不去主动推荐。店里面可推荐的产品那么多，我们总能找到多赢的产品，对顾客有利、对公司有利、对自己也有利。所以，没事要多关心店里的商品，多去了解我们的商品，把商品信息弄个"水落石出"，自己就越来越有底气去卖了。

当然，源头还在于采购。并不是每个门店的同事都会去甄别产品，套用一句广告词："采购多用心，员工少担心。"

5. “滚石型商品” 怎么卖

正如80/20法则所说的那样，零售药店每天的营业额中，80%的营业额可能来源于20%的商品，而这20%的商品中，大金额的商品占多数，我们称之为“滚石型商品”，与之对应的是动销快但带来的营业额并不高的多数商品，我们称之为“流沙型商品”，当然，也可以称为“流水型商品”。

可以看得出来，业绩的好坏，关键就在于“滚石型商品”动得怎么样。那么，我们零售药店该如何卖好这些“滚石型商品”呢？

要解决这个问题，先得研究“滚石型商品”的特点，一般来说，“滚石型商品”有如下特点。

（1）高单价。一般来说，这些商品单价都在50元以上，包含的品类主要集中在营养素、少数处方药、滋补类中药、医疗器材和化妆品等。

（2）动销慢。一般来说，这些“滚石型商品”较难销售，除了少数品牌性极强的高单价商品，大多数“滚石型商品”因其价格较高，动销较慢。

（3）推荐难。要让顾客接受这些商品需要员工花更多的心思去讲解，因为顾客一下子要花不少钱，所考虑的因素更多，所以，员工在推荐时遇到的问题更多，需要的技巧也更多。

可见，门店要想卖好“滚石型商品”并不容易，但并不是没有办法。在我看来，以下方法可以提升“滚石型商品”的销售。

（1）看准顾客。导购人员在引导时要善于观察顾客，从顾客的言行举止、穿着等方面初步判断一下顾客的购买潜力，只有具有购买潜力的顾客才有可能购买这类商品。事实上，很多有潜力的顾客都被“白白浪费掉了”，员工在导购时没有抓住机会，结果顾客只买了一些低价值的商品，回头还可能说我们的服务与产品不好。

（2）巧妙引导。这些“滚石型商品”不能只依靠简单的加法来关联，而应该通过深度分析顾客的心理、了解顾客的真实需求、结合顾客的消费能力进行推荐。有时顾客本来要买的商品与最后我们成功关联的商品关系并不大，但是他们却很满意。这就在于一个“巧”字，这个功夫需要在门店进行修炼。

（3）综合知识要强。虽然有的药师专业知识很强，但是并没有相应的高产出，这与其综合知识弱有关。导购过程是复杂而微妙的，需要运用到医药、营销、心理、沟通等多方面的知识，而且还与员工的心态、反应能力等有很强的关系，这些正是药店培训需要加强的地方。

可以说，“滚石型商品”能不能动销，完全在于员工的能力强弱，而这对于优秀的药店人来说是一项高素质挑战。

6. 卖旺小器械

潘桐是T药店的店员。大家都在说店里面器械难卖，潘桐当班时却偷着乐。因为每个月下来，他都卖出不少小型医疗器械。在潘桐看来，一些大型器械如制氧机、轮椅、折叠床与高价格的电子血压计、血糖仪等，几个月才动销一次，放在店里面落满尘土，而一些小型器械在门店比较容易推荐出去，对提升当班营业额有着实在的作用。

有哪些务实的小器械可以在门店卖旺呢？引导时又该如何做？

（1）电子体温计。一般来说，简单的电子体温计只需几十元，这个价格多数顾客都能承受。在销售退热药、消炎药、儿科用药、感冒与清热解毒用药等与顾客为家庭购置小药箱时，进行一句话引导：“现在有电子体温计，方便准确，可以带一支。”多数顾客会说：“用水银体温计就好了。”此时需要做简单解释，告知顾客水银体温计的潜在风险性，比如，摔断后流出的水银有毒等，而且使用不太方便。只要引导合理，以营业额日均5000元、来客数在100个的门店来算，电子体温计月销量可以达到50支。

（2）手杖。出行需要手杖的老年人越来越多，购买者一般是晚辈，也有老年人自己来买的。顾客关注的是方便与牢固性，这类产品价位大多在100元左右，多为复合金材质，有四脚的、三脚的、带板凳的等，有的可以调整高度。购买者一般直接进店询问，或者在门外看到了展示的商品。介绍时不必急，重点讲产品的质量与以往顾客购买的事实。可以跟顾客说：“这种手杖我们一个月要卖出去十几根呢！”

必要时对产品的售后情况也要做适当交代，包括零件坏了怎么办等。

当然，腋下拐杖也在这一范畴内。门店在现场陈列时，应注意门外的顾客是否能看得到，同时要注意产品的洁净度。

（3）功能类按摩仪。这类产品包括按摩披肩、甩脂腰带等。这些产品价格略贵，一般达到 200 ~ 300 元。销售的核心在于试用，让顾客现场体验，营业人员也可以做模特以吸引顾客。在销售相关药品或保健品时进行关联能有效实现成交。

以按摩披肩为例。我曾管理过一家营业额日均 6000 元的门店，通过堆头陈列、员工培训、门口现场体验、促销等，这类产品的月销量达到了 10 个。不过，这类产品如果想要长时间“旺卖”，需要通过持续的关注、奖励与社区推广等方式进行。

（4）颈托气垫。这类产品的热卖可能有多种因素，一是出差的人可以用，二是颈椎病的发病率较高，三是价位能接受，收起来很方便。所以，在推荐时要突出其便捷性、预防价值，吸引顾客买单。

其实，还有其他的小器械，比如小药箱、氧气袋等，重点是用心培养，同时结合自己所在商圈的具体情况。

大多数门店没有足够的空间去陈列与展示齐全的医疗器械类产品，但是选好这样一些可卖旺的小器械，多数门店都可操作。如果还卖不好，那就是销售团队的问题，而不是商品的问题了。

7. 如何卖瘦身腰带

玲玲是J连锁药店有限公司M店的店经理。M店是一家超市店，每月的营业指标压力很大，寻找增长点是玲玲做梦都在想的事。只是店内很多商品都已无法激发员工的销售热情，可能是很多商品卖的时间太长了，大家找不到新鲜感。为此，玲玲向商品部提出了建议，要求采购一些新品到店。

根据玲玲提供的信息，商品部在家庭用品中采购了一款瘦身腰带，是专为腹部肥胖的人群设计的。通过振动原理，达到瘦腰的目的。

刚开始，玲玲没太放在心上，觉得这样一个产品不会卖得太好。但是玲玲还是以自己多年的工作经验来操作这个产品，玲玲是这样做的。

（1）加大陈列量。虽然是新品，但玲玲还是要求商品部为自己的门店多铺一些货，要卖好一个产品，首先要做出好卖的气势来，玲玲让商品部铺了30台。

（2）摆在明显位置。玲玲店的瘦身腰带陈列在进门附近，并且配了很漂亮的POP，这样在店外的顾客也可以看到这个商品。一些女士看到了很感兴趣。

（3）员工培训。玲玲收集了这个产品的卖点、如何操作、操作中的注意事项比如瘦身腰带不宜在饭后马上使用等内容，在交接班时进行多次培训，并且让员工当顾客，进行现场演练，直到所有的员工都熟悉这个产品。

（4）带头销售。作为店经理，带头作用不可小视。虽然玲玲也不知道能卖得怎样，但玲玲还是主动推荐，并且上班时自己就将这个腰带戴在身上，一些顾客看到后感到很奇怪，就问是什么东西。玲玲便现场演示给顾客看，还真的产生了销售。店员们看到玲玲真的卖出去了，觉得很有意思，也纷纷效仿。一时间，卖瘦身腰带成了店里的热门话题，也带动了大家的销售热情。

（5）市场机会。玲玲去附近几家竞争药店调查了一下，发现对手都不知道有瘦身腰带这样的产品，因此，玲玲觉得自己走在了他们前面，一定要把握好这个机会。

（6）加大促销。玲玲根据几天来成功销售的经验，敏锐地发觉这个产品有一定的市场需求，所以向公司申请在周末做促销活动，给瘦身腰带设了一个特价，同时申请周末在门口做体验活动，让顾客免费体验。当然，员工都带头当起了模特。结果，周末两天卖了 9 台，这个销售结果让全店的员工都很兴奋。

真可谓“有心栽花花不发，无心插柳柳成荫”。玲玲自己都觉得没有太大希望的产品，通过良好的运作，销售结果令人欣喜。玲玲通过瘦身腰带这个产品再次调动了员工的工作积极性，这其实是一个值得推广的案例。

很多药店在经营陷入困境时都应反思一下，可以通过哪些新商品来创造新机会，而多元化的经营思路无疑会为药店带来许多这样的增长点。

8. 卖血糖仪的四个窍门

洛芬是Q药店的店长。周末促销时，洛芬在店里面忙来忙去，正忙得不可开交时，一位中年妇女进店闹起来了，说买的血糖仪有质量问题，没办法测。洛芬了解后，发现是这位顾客插入试纸与采血时间间隔太久所致，产品质量并没有问题。后来，洛芬指导这位顾客学会正确使用，顾客满意而去。

但是令洛芬深思的是，为什么销售时同事没有讲清楚呢？如果能在卖的时候就教会顾客怎样使用，则可避免此类事件。

事实上，销售产品时间长了，一般的销售人员对常用药或顾客点购频率较高的产品很熟悉，但是对一些专业性较强的产品仍然拿捏不准。即使了解产品，但给顾客解答起来也力不从心。血糖仪就是一种专业性较强的产品。

如今，患者需要在家中及时检测自己的血糖，以防出现血糖波动过大对身体不利的情况。糖尿病顾客随着时间推移对自己的病情越发清楚，不少患者会自己注射胰岛素，所以药店人在与这些顾客沟通时，一定要有很强的专业知识才能说服顾客，否则只会挨顾客的训。

那么，在销售血糖仪时有哪些窍门？

（1）熟悉每一种血糖仪的特点。血糖仪生产厂家不少，每个厂家生产的血糖仪都有自己的优势。有的是检测准确，有的是品牌好，有的是可以免调码，有的是售后服务很棒等，店员对血糖仪的不同特点要一清二楚，才能指导顾客购买适合他们的那款产品。

（2）教会顾客使用。使用血糖仪需要用一次性针头取血，虽然只是像蚂蚁咬了一口一样疼，但是如果在指导顾客使用时第一次没有挤出足够的血，会让顾客觉得很不舒服，所以在给顾客使用时，要做到一针见血、一步到位，这样会让顾客更信任你。同时，要教会顾客使用与读数。一般来说，血糖仪的使用与读数都很方便，只要操作一下就会了。

（3）要非常清楚糖尿病知识。顾客买血糖仪，会与你聊一些较专业的名词，比如，空腹血糖、餐后两小时血糖、什么药要在饭前吃或随餐服用、糖尿病有哪些并发症、需要注意什么等。你对这个疾病了解得越透彻，就越能理解顾客的想法。

（4）适时推荐营养素。糖尿病病人需要终身服药，并且要注意预防并发症，所以蜂胶、苦瓜素、螺旋藻等营养产品非常适合他们服用。只要将产品作用说清楚，相信顾客是会认可的。

销售高手往往基础知识很扎实，所以，如果想卖好专业性较强的产品，一定要成为该产品与相关疾病的专家，才会拥有更多的“粉丝级”顾客。

9. 卖器械就是拼服务

乐维是H药店店长。公司新引进了L品牌的血糖仪，在门店同事的共同努力下，成功卖出去了几台。可是，没过几天，一位顾客拿着血糖仪到店里说产品质量有问题，测不出来。乐维自己试了，也测不出来。她有点蒙了，怎么办才好呢?

幸好乐维在接受产品培训时，留下了厂家业务员电话，于是联系了业务员现场进行指导，才解决了此事。

器械在使用过程中会出现一些问题，能否很好解决器械类产品的售后问题成为目前器械销售的“瓶颈”。在现实工作中，顾客常常因购买的产品出现问题来店寻求解决办法却遇到阻力，这种现象值得同仁们深思。

其实，销售器械类产品，在我看来，重要的不是售出的那一刻，而是售后服务。因此有下面几个关键点需要我们共同面对。

（1）现场指导。器械类商品的投诉常常是使用方法不当导致的，因此，店员在销售这类产品时就应将使用方法教给顾客，让顾客会用之后再离店。在这里有一个前提，那就是店员自己首先要会使用，平时应多研究这些产品的特点、与其他品牌的产品有什么区别、使用时有什么不同等。

一些顾客以前使用别的品牌产品，如果接受推荐后买了一款新产品，这时，我们要将两种不同的产品的使用方法、注意事项、测量值误差范围等具体情况告知顾客。

（2）售后维修。器械类产品一个常见问题就是使用了一段时间后出现损坏，这种情况该如何处理?

一般来说，产品说明书与保修卡中都会注明保修期并说明不同损坏情况该如何处理等，药店人在销售时也应说清楚这一点。

当顾客购买的产品出现损坏时，要积极联系厂家协助顾客维修。有的厂家在不同城市设有维修点，可以帮助顾客邮寄过去维修。

我曾有一个老顾客购买了半自动电子血压计，使用了将近两年后软管开裂。他找到我，我很快联系到了厂家。厂家答应换，但是因为已过了保修期，要顾客出相应的费用。顾客很理解，自己付了更换费用。

在售后维修这个问题上，有的同仁会直接推给厂家，觉得与自己无关。其实顾客并不认这些，顾客只认是在我们店里买的，他们就希望我们能帮助解决这个问题。因此，在接到顾客对器械类产品的投诉时，应根据顾客购买产品的情况，主动与厂家进行协商，积极寻找解决办法。相互推诿只会激怒顾客，引起更大的纠纷。

（3）引进高品质产品。购买器械类产品的顾客最能感受到其优劣。因为经常用，所以产品的品质非常关键，品牌也很重要。应采购质量可靠、信得过的企业生产的产品，这样自己卖得放心，顾客用得省心，不能为了毛利而丢失信誉。同时，要选择售后服务做得好的企业的产品，这样可以为门店解除后顾之忧。一旦门店遇到顾客投诉，厂家能及时解决，会增强店员信心，否则门店员工觉得会给自己添麻烦，就不太愿意卖了。

（4）厂家应进行实操培训。在乐维遇到的这个案例中，我们也看到，即使乐维参加了器械类产品的培训，乐维还是没有完全掌握产品的操作。可见，器械类产品的培训不仅要讲，更要让受训者练习，操作过一两遍才能真正掌握。因此，企业应与生产器械类产品的厂家合作，一要做产品培训，二要对操作进行培训，三要业务人员到门店进行指导，而且还要留下联系方式给门店工作人员，方便及时指导。必要的时候，要进行多次培训、反复实践，这样才能让门店员工真正熟悉器械类产品。

时下患有慢性病的顾客多，器械市场大，药店人需要精通器械类产品的知识与操作，才能真正服务好门店顾客。特别是在这个网购器械成风的年代里，实体店要想稳住自己的份额，其中一个撒手锏就是提供优质的售后服务！也可以说，我们如今卖器械，其实就是拼服务！

第七章

Chapter 7

关联销售这样做

1. 1 +1 +1 +1 不疯狂

小林是 Y 连锁药店有限公司 P 店的店经理。最近小林听了一个关于关联销售的培训课程，老师讲这种销售技巧很疯狂。其实，小林对关联销售中的“1 +1 +1 +1”并不陌生，她每天都在做，已成一种常态。

其实，药品销售过程中的“1 +1 +1 +1”技巧，是指医生在治疗疾病时运用对因与对症治疗原则，加上预防措施与提示。因为我是学临床医学出身，所以比较清楚其中的原委，让我们来了解以下有哪几个“1”。

（1）主药。每一种疾病的出现都有其原因，当我们在帮助顾客解除病痛时，首先要明确病因，才能釜底抽薪。比如，顾客咳嗽有痰，说明是有炎症的，需要的主药就是消炎药。只有将炎症控制住了，才能从根本上解决咳嗽、咯痰的症状。

（2）辅药。辅药是辅助治疗的药物，包括对症治疗或者配合使用效果更佳的药物。比如，针对牙痛，主药是甲硝唑芬布芬，辅药可以是丁硼乳膏或者一些含漱液，起到帮助顾客更好缓解牙痛、更快恢复的作用。

（3）预防保健。自古以来就有这样的说法：“上医医未病之病。”如果能在疾病发生之前就先控制好，当然是再好不过了，而且成本更小，这就是预防保健的作用。比如，常发口腔溃疡的病人，引起的原因很可能就是缺乏 B 族维生素，主要因为平时饮食过于精细或者经常熬夜等。如果平时能坚持服用一些天然 B 族维生素，在一定程度上是可以预防的，这也是药店保健品增长的机会点。

（4）温馨提示。我们生病时常会感到很脆弱，如果此时父母说了几句关心的话，尽管很平常，但是心里面会暖暖的。顾客同样如此。比如感冒病人，建议他要多喝水、不要吃辛辣刺激性食物、注意多休息。这些看似平常的话，却能让顾客感受到你的好意。因为人同此心，心同此理。所以，导购时，多说一些对顾客有帮助的温馨提示，包括饮食、服用药物的注意事项与贴心的话等。

这四个“1”其实就是遵循疾病治疗时的基本原则，对应治疗 + 对症治疗 + 预防措施 + 提示，所以并不神秘。只要在导购时用心询问，了解顾客的真实病情，做到正确推荐，实现“1 +1 +1 +1”不难。很多药店同仁在这方面做得很好，既提升了客单价，又帮助顾客更快恢复健康。

2. 成功关联才是真本事

身在药店一线，我们不得不承认，进店顾客中有一些是自己点名来买营养素的，针对这些顾客成功推荐营养素并不难。卖营养素给这类顾客并不需要太多技巧，只需将产品解释清楚，顾客自会买单。难就难在，一个来买其他药品的顾客，根本没有打算买营养素，也没有准备花更多钱，如何向这类顾客实现营养素的关联销售？

那天，一位中年男士来买药，说上火导致了口腔溃疡，问有没有什么药可以治疗。我问他是经常患口腔溃疡还是偶而患一次。他说经常患。我说："可能是您平时饮食不均衡，体内缺乏B族维生素所致。"不过，我还是先将治口腔溃疡的药品介绍给他，告诉他这个药有什么作用、如何使用、注意事项等，然后告诉顾客平时要多吃粗粮，并告诉他哪些食物中富含B族维生素。我顺便将一瓶天然B族维生素拿给他看，说了一下该如何服用、价格多少、每天算下来要花多少钱等。依我的判断，这位顾客应该具备这种消费能力。果然，他就拿了一瓶。这个过程中，我只是将相关的知识说清楚，加上顾客有这种潜力，所以成功关联。

应该说，这类顾客只需要我们有百分之百的推荐，就能抓住机会，但是也有不少顾客，虽然我们向他们介绍了，但是他们并不买单。其实也没有关系，在导购过程中，只要将这种健康知识与观念宣传到位就好。如果抱着一定要实现销售才去说，那只会舍本逐末，自己会很累。反过来，只抱着一颗平常心做销售，一心想帮助顾客，结果反倒更容易实现销售，这也是很有意思的事。

但是，还有一类千元大单的顾客，这类顾客导购时如果能把握好，往往会给门店销售带来惊喜。

有一天中午交接班的时候，一位中年妇女到店来逛逛，到营养素精品柜停下来了。我向其问好，她很客气，说随便看看。我跟她说没关系，看看好了，先了解一下。过了一会儿，我见她对一些产品很感兴趣，于是走近向她解释产品作用，并推荐适合她的营养素。经过一段时间的交流，这位顾客打算买其中一组产品。但是我觉得这位顾客的潜力远不止于此，于是跟她说正好店里有活动，可以给自己家人带一些营养素，有健康的身体，一切都更好。这位女士觉得说得有道理，于是问是否有适合其爱人的产品。最后这位顾客买了1000多元营养素。还有一次，是一位30岁左右的女士，也是说随便逛逛，最后我与她交流后成功地推荐了营养素，她还给自己的父母买了，成交金额近2000元。

其实这类例子在药店时有遇到，最关键是要把握住机会。事实上，在门店导购过程中，可以关联的并不只是营养素，还有很多药品、生活用品、医疗器械等方面的关联，只要在与顾客的交流中发现机会，就可以创造业绩。不过，现实中，很多药店人只负责拿药给顾客，顾客要什么就拿什么，很少与顾客交流。这种现状，一则使得经营中很多机会丢失，二则无法在更大程度上帮助顾客。当然，这里所说的关联并不是导购人员拼命强推。真正的关联是既能实现销售，也能在更大程度上帮助顾客，是一件很有意义的事。

3. 如何创造大单

阿杏是S连锁药店有限公司N店的店员。阿杏常想不明白，为什么店长阿建导购时总能碰到大单，而自己总是碰不到呢？阿杏很郁闷，有一天交接班会的时候，阿杏就说出了自己的烦恼。阿建说："其实大单不是靠碰运气的。"阿杏不明白，反问道："不靠碰运气，那靠什么呢？"

阿建说："有的时候是会'碰'到大单，但是大多数时候，大单不是碰到的，也不是等来的，而是我们自己创造的。"

阿建举了一个很平常的例子。

一位女士到店后自行找药，她拿起了小瓶的维生素B12。阿建上前导购："您拿的是维生素B12，您需要解决什么问题？"

"长口腔溃疡了。"这位女士说。

"您经常这样吗？"

"是的，反反复复，很难受！"

"这是因为您体内缺乏B族维生素所致，平时要多吃粗粮，也需要补充B族维生素，但不是B12。您可以服用这种小瓶装的复合维生素B（阿建把药拿给这位女士），但是不要超过一个星期。因为您经常患，我建议您还是服用天然B族维生素会好些。虽然贵些，不过，对自己身体好。"

"看一下吧。"顾客说。于是，阿建将顾客引导至营养素精品柜。

"这种天然B族维生素，每天服用一片，饭后服用，一瓶可服用90天，算下来每天1元左右。您可以拿两瓶，因为今天正好有5折优惠，您可以带一瓶针叶VC。VC可以增强抵抗力，也可以帮助黏膜的修复。"

"好吧。"阿建将三瓶营养素拿到收银台，觉得顾客仍有潜力可挖，于是说："需要给小孩带一些保健品吗？比如钙片。"

"不用了。"

"那您也可以给家里老人带上一些保健品。像我们这款氨糖对改善关节问题很有帮助，老人年纪大了，会有腰酸背痛、关节不舒服等症状，氨糖可以修护软骨、润滑关节，帮助他们改善这些症状，带上两瓶吧。"

顾客拿起瓶子倒过来看药片，说："这药片太大了吧，老人可能吞不下去。以前我买过钙片，就是因为药片太大，他们后来都没有吃，扔掉了。"

这时，店里员工帮忙说："这药片其实不大，有些深海鱼油和卵磷脂才大呢！"

阿建与她一起看了一下药片，也说："确实是普通营养素片剂，老人方便服用的。"

最后顾客买单了，顾客付钱时，阿建在旁边跟她说了很多温馨提示，包括饮食注意事项等。

顾客很开心地道别。

阿建说，本来顾客只想买两元的维生素，经过与顾客沟通，客单价扩大了200倍。其实这在我们导购过程中经常会碰到，只要合理引导，就能在每天的工作中创造一笔又一笔的大单，也可以说是一个又一个小小的销售奇迹。

只要掌握了创造大单的方法，就可以轻松创造大单，那么，有哪些方法呢？

（1）不仅限于顾客本人。如果只将销售的产品局限在顾客本人，那么就很难实现更大的突破。在导购时引导顾客为其家人，比如父母长辈、子女等购买，那么潜力就会一下子增大很多。尽管不一定能成功，但机会却是在这样的想法和沟通的行为中产生的。

（2）不仅限于营养素。平常导购时，并不是每一个顾客都愿意购买营养素，而更多的创造大单的机会可以通过非药品来延伸，比如医疗器械、个人护理品等，将店内的商品活用，巧妙地推荐给合适的顾客就会有很多机会。

（3）不仅限于一种产品。一般情况下，只要搭配合理，联合使用会比仅使用某单一产品效果更好，所以在准确把握专业知识的情况下，完全可以通过联合用药，比如中药+西药、口服+外用、内调+外养等创造一些大单。

（4）要善于观察。在与顾客交流时，需要导购人员全身心地倾注在顾客身上，这样可以更真切地了解顾客的实际感受，发现顾客的微妙变化。这一点对导购人员来说，就是创造大单的能力。

在药店多年，我一直认为，零售药店的每一个顾客都有很大潜力，就看员工在导购时是否能成功挖掘出来。这种能力的差别就是药店运营能力的差别，也可说是核心竞争力的差别。

其实，优秀的药店人在导购时并不确定顾客是否会要，他们只是将相关信息介绍到位，顾客接受与不接受并不是导购人员所能决定的。但导购时应站在顾客角度帮其分析，这样就更容易被接受。也就是大家所说的，成交率会更高。加上将思维扩大到更多层面、更多目标人群，则可以轻松实现创造大单。一旦门店员工都养成这样的习惯，那么对于药店来说将是源源不断的大单。

4. 客单翻倍考虑哪些点

药店工作是一项细致活，机会常转瞬即逝。有一次，我到G店进行例行巡查。一个顾客进来了，药师进行了导购，顾客要了一支外用的产品，到收银台结账。当大家都沉浸在药师卖了一个高单价产品的喜悦中时，店经理小李走到收银台补充了一句说："要不带两支吧，这个产品要坚持用一段时间的。"顾客考虑了一下说："那就拿两支吧。"这笔单迅速翻了一倍，成了近两百元的单。

这是一个很普通却很典型的例子。很多药店人在推荐时觉得自己已经做得够好了，殊不知，并没有完全挖掘出顾客的潜力来。店经理小李之所以能补充这一句，是因为考虑到了产品的使用量。那么，在门店导购中，除了考虑到使用量，能使顾客翻倍购买的类似的点还有哪些呢？

（1）使用人数。顾客购买预防性用药如板蓝根，我们在导购时都可以说上一句："家里人也可用，要不带上两包吧！"因为符合实际情况，有的顾客会拿两包。

（2）限时促销。告知顾客某个产品的特价有时间限制，过了这个村就没有这个店，抓住顾客的机会心理，可以促进顾客成倍购买。比如跟顾客说："蛋白质粉特价99元，平时一桶要138元，机会难得，带上两桶吧。"类似这种情况的还有会员日，针对一些常用药、慢性病用药，提醒顾客会员日双倍取药，省得老跑药店，节约时间。

（3）包装特点。有些产品两盒可以装礼盒或礼袋，这种包装特点也可引导顾客多买一些。

（4）方便性。比如，冬季销售唇膏时可以对顾客说："拿两支吧，一支放家里，一支随身带，省得忘记了给自己带来不便。"销售营养素的时候让顾客买两瓶，一瓶放家里，一瓶放办公室，这样更方便，也能养成坚持服用的习惯。

（5）效期。可以跟顾客说："这个产品效期很长，可以多备一个在家里。"对于一些长期用某些产品的顾客，效期长能引导顾客适当多备一些。

这些点往往只需要一句话提醒顾客，就会起到使客单价迅速翻倍的效果。这也是增加营业额的一个有效手段。

5. 巧妙转换走出死胡同

那天，一位中年妇女带着一位老人来买感冒药。她拿了药到收银台准备付钱时，我说了一句："今天营养素正好在做促销活动，需要给老人买些钙片吗?"

这位妇女扭过头来问："在哪儿呢? 看一下!"

我便将顾客引导到营养素专区。我向这位妇女介绍钙片时，她身边的老人一直说"不要买钙片，不要买钙片"。我估计这位老人可能了解过钙片，看她一直在嘀咕不要买，于是我便不再推荐钙片，而是询问这位妇女，老人是否有高血压。这位妇女说有。于是我将推荐重点转移到了深海鱼油、卵磷脂与银杏叶片，并且着重讲解银杏叶片，因为我觉得这款产品更适合这位老人，而且当天的促销价特别实惠。最后顾客买了三瓶银杏叶片。

顾客走后，店里员工很奇怪地问我："你不是问她们要不要看一下钙片吗? 怎么一下子又成功推荐了银杏叶片给她们?"

于是，我将刚才老人一直在说不要钙片的事告诉他们，我说，如果再坚持推荐钙片，这笔生意就做不成了，因为当时那位中年妇女已经对我介绍的钙片不怎么感兴趣了。所以，我通过询问找到其他更适合这位老人的产品，于是成交了。

同事们都说，如果是他们导购的话，看到这位中年妇女对自己介绍的钙片不感兴趣，一定觉得是价格方面的问题，会再拿其他价位的给她们看。

我接过话题说，如果那样做，就走进了死胡同，顾客最后成交的概率几乎为零。因为老人说了不要钙片，那么，价格再低也无法促进成交。也就是说不是价格的问题，而是品种的问题，需要转换产品。而我之所以能转换到银杏叶片上来，是根据高血压患病率较高来推测的，因为很多老人都患有高血压，所以就顺便提了一下，于是就成功了。

在日常导购过程中，很多人会不知不觉走入误区，最后顾客走了也想不明白是何缘故，仿佛走进了死胡同出不来。其实，导购过程中形势在不断变化，优秀的药店销售人员需要根据顾客的具体情况随机应变，才能找到适合顾客、让顾客满意的产品，自己也就不会对顾客的决定感到莫名其妙。这种能力需要我们每天不断总结，提炼出有规律的、可以复制的技巧来。

6. 构建疗程用药习惯

小荣是G连锁药店有限公司F店的店经理。最近小荣在开店经理会时被区域经理点名批评，原因是营业额下滑太厉害，而下滑的原因就是客单价明显下降。其他店客单价在50元左右，而小荣负责的F店只有30多元。小荣心里面也很着急，可是有什么办法能提升客单价呢?

事实上，每一个药店人都想通过提升客单价来改善业绩。提升客单价的方法有不少，其中疗程用药的推荐较常用，因为对顾客恢复健康与提升门店业绩都有帮助。

疗程用药主要是针对患有如慢性胃炎、咽炎等慢性病的顾客，疾病不同，治疗的药物也不同，其疗程时间长短也不同。在导购时，对于这些需要按疗程服用的药物，我们如果能做到提醒顾客，告知按疗程服用的意义，那么，顾客就能在更大程度上认可并按疗程来买。

但是，问题在于，员工是否养成了对每个顾客都告知疗程用药的习惯。我曾在巡店时问一个入司三个月的新员工怎样介绍六味地黄软胶囊。这名员工说了一下作用就没有话了。其实，之前已经培训过疗程用药，我提醒他应该加上“三瓶一疗程，按疗程服用效果更好”的介绍，这样就能引导顾客买三瓶，而且顾客按疗程服用后效果才能显现出来。

从这件事可以看出，一些员工在销售按疗程服用的药品时，没有主动说出疗程用药的习惯。这也就意味着提升客单价的机会白白丢失了，所以要培养员工主动说出疗程用药的习惯。

另外，在慢性病的治疗中，饮食与生活习惯很重要。所以在导购中，要多说些温馨提示，帮助顾客培养好的生活习惯、健康饮食，同时也可服用一些保健品。只要说到位，有些顾客是会买的，这样下来，客单价就会提高。

7. 增加客品数胜过提升客单价

阿芍是W药店的店员。一位顾客因拉肚子来买药，阿芍推荐了一个重点品种，29.8元一盒，顾客要了。但是到收银台时，顾客随口说了一句："你们这里的药真贵！"事实上，阿芍在推荐时不止一次遇到顾客这样说。

药师平络也导购了一个顾客，同样的病症，平络拿了一盒消炎药加上一盒中成药颗粒，加在一起也是29.8元，顾客什么也没说，还表示感谢！平络在推荐中较少遇到阿芍的困惑。

阿芍的挫折根源是什么呢？仅仅是这个药贵的原因吗？可是药师平络为什么较少遇到这个问题？

(1) 顾客的价值感受。同样金额的药品，得到的顾客反馈却不一样，关键在于顾客的价值感受。花了同样的钱，但是得到的东西多，其体会是实惠，大多数顾客都喜欢实惠。

(2) 明显的功利行为。一些员工觉得提升客单价就是卖贵的。他们在推荐过程中表现得过于功利，使得顾客觉得自己被"宰"。

(3) 企业对重点品种的考核。阿芍的推荐自然没有错，因为企业有主推品种的要求，但是需要化解顾客觉得贵的感受。

(4) 行业"壁垒"。虽然门店有很多非处方药，但是顾客对药仍心存"敬畏"。他们虽会看说明书，但仍看不太懂。半数以上的顾客会受店员的推荐影响，他们只是为自己的"不懂"买单。

也就是说，阿芍遭遇的是行业共性问题，但目前大家都硬着头皮往前闯，并不去看员工的"伤痕"。而平络药师因为专业的权威在某种程度上避免了这一难题。其实，平络只是用了最简单的技巧，增加了客品数，让顾客觉得买值了。

所谓“客品数”是指单笔小票中顾客购买的品项数。如果顾客在一笔单中购买的品项数多，其意义远远超过简单的提升客单价。增加客品数有以下这些作用。

（1）更完整地解决顾客问题。以平络的推荐来看，拿两种药在更大程度上能解决顾客的问题。一般来说，增加客品数的核心理念是提供一个解决方案给顾客，而不是某一种药，且顾客自我感觉很实惠。

（2）解决动销率低问题。因为过于集中销售，会带来某些“角落”品项滞销，带来商品结构失衡与库存成本压力大的问题，而增加顾客“购物篮”中的品项则转移了这一压力。

（3）提升顾客回头率。顾客为自己的“不懂”买了单，但并不满意，这就会降低信任感与忠诚度，并因此影响后期门店的来客数。增加品项数，不仅提升了客单价，还因为有更多品种适合顾客，增加顾客的回头率。

该如何增加品项数，同时又让顾客觉得是在为他着想呢？答案就在“专业”里，为解除顾客病痛，可以用到以下搭配策略。

（1）对因＋对症。对因是指针对疾病的原因进行治疗，比如，顾客发热、咳嗽、黄痰量多等，说明有炎症，最根本的治疗就是消炎。但是顾客咳嗽的症状怎么办呢？于是要提供缓解症状的止咳化痰药。一般来说，疾病都有其因，也有相应的症状，所以，在治疗中，对因＋对症是基本原则，这也是医生的基础临床治疗思维。

在这一框架内，包括中药＋西药、口服＋外用、局部＋全身等具体的关联方法，在导购中都可以灵活运用。

（2）预防＋监护。不少疾病通过合理的预防措施是可以避免的，比如感冒等疾病。在预防方法中包括营养干预，也就是当一个人营养均衡，同时注意加强锻炼，抵抗力强了，则患感冒的机会就会少。这里就涉及提供营养素或与保健相关的产品。所以，在与顾客的交流中，输导预防理念非常重要，还会赢得顾客的尊重与重视，比如，告知顾客通过坚持服用深海鱼油与卵磷脂预防心脑血管疾病并发症。

同时，患高血压、糖尿病等慢性病的顾客，在服用降压降糖药时需要对血压、血糖进行监测，而门店的器械类多属此“监测与护理”类，包括血糖仪、血压计、轮椅、拐杖、按摩仪器、护眼产品等。当然，实际门店的产品更丰富，“预防 + 监护”的范围也不仅限于此，在导购时需要注意扩大推荐品类。

在这一范围里，联合方法包括个人 + 家庭（也就是推荐时不仅限于考虑顾客本人)、健康 + 美丽（即向个人护理品、化妆品延伸）等。

（3）养生 + 食疗。门店若有健康的食品系列、养生中药与花茶等，都可以在导购中巧妙结合。中药深入国人心中，更易被接受。

这里涉及的方法就是主推 + 季节（也就是考虑重点商品与季节性商品）等。

老话说“病从口入”，很多疾病都是由于不良饮食与行为习惯所致，比如高血脂等疾病。若在饮食中控制高脂高热量食物，合理运动，则患高血脂症的概率很小。所以，我们在导购过程中需要明确告知顾客“自己”在治疗中的意义，俗话说“三分靠药，七分靠自己”，所以，引导顾客构建良好的饮食习惯与行为模式也是药店人的责任，这就是我们在导购过程中的温馨提示。

在更大程度上帮助解决顾客病痛，从这个角度出发来进行产品搭配，提供组合策略，这样的思路既包含了医生基础治疗思维，承担了“护士”的角色，又纳入了“营养师”的价值。如此便提供了完整的客品数给顾客，其意义远胜过单纯地提升客单价。

8. “二手”导购要点

康益是T药店的店长。店里面生意并不忙，为了能抓好当班的营业额，康益留意每一个进店顾客。有时，新员工或其他员工接待完毕后，顾客去收银台付钱，或者已经在收银台时，康益巧妙地抓住机会，在其他员工导购的基础上进行“二手”导购，而且常有成交。

事实上，“二手”导购是门店提升业绩的好方法。那么，什么是“二手”导购呢?

所谓“二手”导购，就是指一个员工已经导购结束、引导顾客买单时，另一个员工根据对顾客情况的了解进行强化与延伸销售。“二手”导购与关联销售不同，关联销售一般来说由某一个员工完成，体现的是员工个人的能力，而“二手”导购体现的是团队协作、追加销售的积极意识，“二手”导购也可以称为“补充”销售。

“二手”导购可以弥补某一个员工的不足，也可以强化顾客对某个商品的信心。比如，A员工推荐了天然维生素E，顾客没有接受，到了收银台，另一个员工再次推荐，则有可能会成交。“二手”导购的另一个好处是避免某一个员工推荐多种产品引起顾客反感，而换作另一个员工推荐时，这种反感会被转移注意或被弱化。

“二手”导购的要点有哪些?

(1) 先了解顾客。进行“二手”导购的员工需要在前一个员工导购时就关注这一顾客的基本情况，在前一个员工询问时用心聆听，找到顾客的需求点或者前一个员工的遗漏点，顾客到了收银台或准备结账时就能有的放矢，实现无缝衔接，而不是盲目地拿着某个商品推销。

当然，很多时候，另一个员工可能没时间提前了解顾客的情况，此时，“二手”导购可以先做简单的询问，了解之后再推荐合适的产品，也可以选择推荐目标顾客较广的季节性商品。

（2）把握时机。“二手”导购一般在顾客准备去收银台结账的途中，或者是在收银台，在前一个员工导购的过程中尽量不插入，除非出现了引导错误或者需要协助。

（3）补充解释。“二手”导购是在前一个员工导购的基础上进行的，往往是前一个员工导购出现了遗漏或缺失，此时导购需要进行必要的补充解释，才能引起顾客的注意。

比如，针对上火引起的口腔溃疡，前一个员工推荐口腔溃疡含片与清火片时，顾客不想拿清火片，只要了口腔溃疡含片，说先用用看。此时，“二手”导购的员工可以补充说：“其实，确实需要加服清热去火的药，可以拿常用的牛黄解毒片（当然，也可以再次推荐一下清火片），口服加局部用药效果会更好，牛黄解毒片只要几元。”

（4）强化信心。有时，顾客对某一个员工说的东西并不太相信，当另一个员工再次重复或强调时，则能引导顾客成功购买。这是因为后面的员工强化了顾客对产品的信心所致。

（5）完美收场。当前一个员工在关联销售方面已做得很全面时，此时的“二手”导购则应转向冲动性消费品或者询问顾客家人的情况，意外的惊喜往往在于多问一句、多说一句，主动一点、善意一点。

我在门店工作多年，常做“二手”导购员。因为现实工作中，门店人员流动大，新员工比例较高，即使是老员工甚至药师在导购时，碍于“不好意思”也常常会出现缺失。当然，很多同事也做过我的“二手”导购员，弥补我导购的不足。

“二手”导购是一种技巧，更是团队精神的一个缩影，团队协作的感觉真的很好！

9. 导购中的临门一脚

晓花是K连锁药店C店的店员。晓花是一个很用心的孩子，平时做事也很认真，但是在导购时常常出现介绍了很久顾客也不买的情况。有些是顾客的原因，有些是晓花自己的原因，那么，晓花在导购中出现了什么问题呢？

一位阿姨进来买常用药，她选好了药，觉得价格贵了。晓花跟顾客解释了进货渠道不同等原因，但是阿姨还是摆摆手说要坐公交车去一家比较远的大型平价药店买，说完就要走了。

这时，店经理阿芳拿着计算器走过去跟阿姨说："阿姨，您说贵，贵了多少，我们来算一下好吗？"于是阿姨把她平时去那家平价药店买的价格跟阿芳说了。阿芳将几种药加在一起，最后算了一下的确贵了一些，不过加在一起也就贵了两元。于是阿芳跟阿姨说："您坐公交车一个来回也要两元，还要花半天的时间来回跑。您在我们这里买多方便呀，省了不少麻烦呢！"

阿姨看了看阿芳，觉得她说得有道理，便说："那就先买点吧，反正也差不了多少。"这时阿芳再问阿姨要不要帮她测一下血压，阿姨欣然同意，一笔单就这样做成了。

其实，晓花也没有错，只是在最后成交的那一刻，对于关键问题没有把握住。顾客说到其他药店便宜，其实完全不必忌讳，可以问一下是哪里的药店，他们的价格是多少，帮顾客分析一下，看去一趟合不合算。阿芳通过这样的方式迅速把握住了顾客的心理，成功实现了销售。

其实，像这样在导购快要成功时临门一脚的方法还有不少呢！

(1) 顾客影响顾客。这种方式在导购中经常可以用到。多个顾客在店里面，向一个顾客推荐某个产品时，其他顾客可能也会感兴趣。这时只要说服其中一位先买，则可以实现几个顾客共同购买。所以，对于购买意愿相对较强的顾客可以让他及时买单，这样做便会形成销售小高潮。

(2) 拼单销售。比如尿素霜 10 元 3 瓶，一些顾客觉得太多了，只要两瓶，问 7 元卖不卖，不卖就走人。这时如果卖，电脑里面录不进去，不卖，白白丢失 7 元营业额。其实可以让顾客稍等片刻，有路过的顾客招呼一下，大多数时候，很快就能找到一个与他拼单的人。实在找不到，也可以说自己买一瓶，成全顾客，实则是成全自己。当然，更多的时候，拼单销售发生在收银台。向顾客推荐某个特价商品时，因为要两瓶一起买才生成特价，这时有其他顾客在收银台，可说服其他顾客一人买一瓶。这是门店销售中常用到的方法，还是非常有效的。当然，我们也遇到过因为没人拼单顾客就不买了的情况。

(3) 将商品放在顾客手上。在给小孩试吃各种产品时，试吃后要马上将商品放在小顾客手上，问他们好不好吃。小顾客往往都会说好吃，会抱着商品不放手。所以，导购中要将商品放在他们手上。当然，在平常导购时，也需要将商品放在顾客手上，在介绍得差不多的时候，顾客自然就会拿着商品去付款。

(4) 给顾客一支笔。这在办会员卡时常用。向顾客介绍会员卡时，顺手递一支笔给顾客，顾客会自然而然地填资料。会员对门店的贡献比非会员大很多。

当然，赠品、促销、特价等方式也是促进顾客最后决定购买的因素。在导购中可以根据顾客的情况，及时将他们从犹豫不决的状态引向最终购买。

后 记

写这个后记时，窗外阳光明媚，天空显得格外的蓝，而前两天还是暴雨如注，电闪雷鸣，这多像市场的风云变幻！也许人生也是一样的跌宕起伏，但支撑着药店人一路向前的是什么呢？

说到这里，想起了一位同事。她叫小雯，是一名普通的店员，但是，小雯却深受同事与顾客的尊重。大伙儿有事，让小雯代一下班，即使因此小雯要上通班，她也总无二话。

小雯似乎从来不知道抱怨，因为我们总是看到她在忙碌。有一次，一位顾客骂了小雯，虽不是小雯的错，但小雯还是跟顾客说，如果有不对的地方她表示抱歉，顾客也就没说什么走了。

后来，小雯因为要回老家离职了。在许多同事中，小雯是最让大家舍不得的一个。多年以后，我们还是记得小雯的隐忍、坚持、淡定与平和，这些都会让人记住一辈子，影响他人一辈子。是小雯告诉我们，奋斗并不一定要站在风口浪尖。

其实，许多优秀的同仁身上都有永不停歇的基因，他们有如珍珠般的好品质，随着时间的推移逐渐变成了影响他人的一种力量。我们每一个人身上都有这种力量，这种力量会引领药店人创造自己独特的价值。

这种价值与幸福是其他行业难以比拟的。

我遇到过这样一个顾客，那是一个满面风尘、鬓角初白、双手很粗糙的女人，一看便知她干了不少粗活儿累活儿。她进店后自己走到了外用药的货架，我主动上前向她问好，她还是低头自己找。

我再次向她询问时，她才抬头看了我一下，说脚上痒。我做了一些基础询问，交流中，可能她觉得我比较专业可信，便又说到她最近两只手老发麻，晚上睡觉时更明显，有时拿东西使不上劲儿。我做了些鉴别诊断的询问，基本上可以确定是颈椎病。

我顺口问了句她最近是不是特别辛苦，因为有时特别累也会加重颈椎病的症状。没想到就这么一问，她眼圈一红，控制不住开始泪流满面。我请同事帮忙拿两张面巾纸，递给了她。她掩面而泣，我站在她身边，等她慢慢缓过来。

原来这位大姐最近真的遇到了难事，想以干活儿来调整自己的心态，却不曾想引发了颈椎病的症状加重，很是担心。我这一问正好问到她心坎儿里去了。

我说了些安慰的话，给了些建议，告知也不必太担心。她很是感谢，自己主动买了些药，出门时再次连声道谢。

说实话，于内心而言，我倒要感谢她，因为她让我发现自己的价值，尽管很微小，但对我是一种鼓励。

有一次做大型促销，隔壁的一位老板来看了几次。最后他站在我身边说："看你叫了这么长时间，天这么热，挺不容易的，我就买点吧。"他买了 50 多元的东西，其中还包括生活用品。

还有一次，一位阿姨看我在店门口叫了两天，第二天下午的时候，她帮我去附近店铺宣传，帮我拉了两元棉签的生意。生意虽小，却让我很感动。大概是因为我也感动了她吧，后来这位阿姨还在我身边帮我做生意，一时间形成了一个销售小高潮。

在这么多年的工作中，类似的经历还有不少。有一位女士，仅仅因为我推荐的药效果很好，第二天特地来店里要再买些药以示感谢；有一位大叔牙痛，我给他配了药起效很快，他为此特意到店里来拍着我的肩膀表示感谢，那种感受让人终生难忘；有一位阿姨，因为我给了她很多健康建议，她出去旅游时特意给我带了一份当地特产，你说怎么叫人不感动呢？

有一位年过七旬的老太太每次都来店里找我量血压。她没有买过药，心里面总觉得过意不去。我常跟她说没关系，她碰到我就要请我去她家里吃饭。

这种感受其他行业可能是不会有的，是我们作为医药人的骄傲。我们做了自己该做的，顾客会从心底尊敬你、信任你，这也是从事这一行业给我带来的最大快乐，也可以说是我喜欢从事这一工作的原因。其实，再好的销售手段也比不上对顾客发自内心的关心与爱护，您说呢？

人与人之间其实很简单，你待他人好，他人会对你好上百倍，与同事相处是这样，与顾客相处是这样，企业与员工相处同样如此。

药品零售行业如今正经历着资本运作、商业模式变革、人们生活观念碰撞的变化，我们看到同一个时代里的不同企业，有的走向兴盛，有的走向衰弱，而那些往好的方向走的企业有着这样的特质：始终满足顾客的需求，站在顾客的角度考虑问题，尊重顾客，同时尊重员工。

是的，我们一直在探讨着怎样实现成交，其实，成交的表象下面，是每个药店人以自己的优秀品质、专业素养，始终传递出真诚与关心，打动顾客，从而使顾客自然而然地产生消费行为。这个过程中，企业对员工的尊重将激发出员工更多的正能量，促进更多的成交。

每个药店人借自己的工作平台努力打拼，便是在实现着自己的人生梦想。

支撑我们前行的正是梦想，当然，更是药店人对生命的那份热爱。

在本书的篇尾，我要感谢他们：

我高中时代的管仁芝老师，是管老师待我如家人一样的那份爱，引领着我走向更广阔的世界。

《第一药店》的孙阳编辑，她的引荐为我打开了人生更高平台的一扇大门，她的鼓励、高要求也带着我反思自己，树立起了更高的标准。

《中国药店》微信的张勇主编，勇编的那份可爱，质朴又始终保持着的诙谐让人忍俊不禁，他的约稿让我开始深入思考药店的现状与未来，因而才有了本书的诞生。

博瑞森图书的李俊丽编辑，俊丽编辑在文字中表现出来的那份干练与高效令人尊敬，谢谢俊丽编辑这位伯乐！

向你们致敬！

更要向我的读者们致敬！谢谢我的“粉丝们”一路捧场、护送！也向我的领导与同事、我的家人与亲友致敬！有你们，我的人生更精彩！

“本土管理实践与创新论坛”成立

长期以来，中国企业在学习西方管理、本土化实践中不断进步。经济进入新常态，管理也要进入深水区。东西方企业与管理，有共性，也有个性。本土管理领域正在产生自己独特的理论与模式。尤其在移动互联时代，中国的情况与西方更不同，有很多新课题，需要本土专家们一起研究。

为此，博瑞森图书与各位本土管理专家作者，联合成立“本土管理实践与创新论坛”！“论坛”不以盈利为目的。“论坛”的宗旨是：

孵化思想——加速本土管理思想的孕育诞生

促进实践——促进本土管理创新成果更好服务企业、贡献社会

交流协作——加强本土管理界业内交流、协作

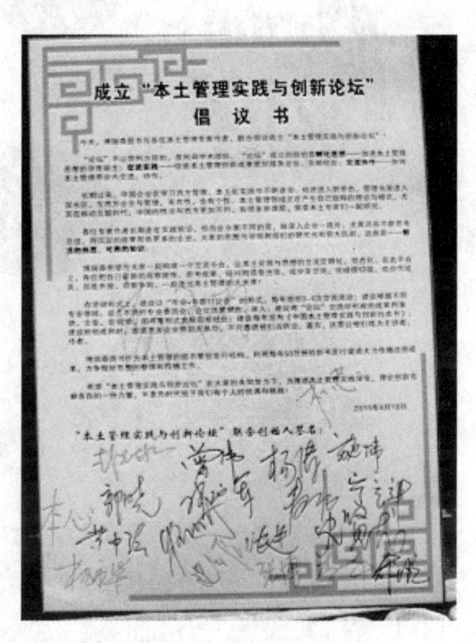

成立“本土管理实践与创新论坛”

倡议书

通过这个论坛，让本土实践与思想的交流定期化、常态化。在此平台上，各位作者把自己最新的观察感悟、思考成果、疑问困惑拿出来，或分享交流、或碰撞切磋、或合作攻关。通过举办“年度论坛”、出版《年度报告》等方式，百花齐放、百家争鸣，一起走出本土管理的大未来！

“本土管理实践与创新论坛”联合创始人

彭志雄、曾伟、宋新宇、杨涛、施炜、郭晓、张学军、秦国伟、宁立新、黄中强、程绍珊、张进、史贤龙、杨永华、高可为、史立臣、张博、李志华、张本心、余世耀、杜忠（以年龄为序，以示本土管理群体思想传承之意）

博瑞森图书分类导读图+书目

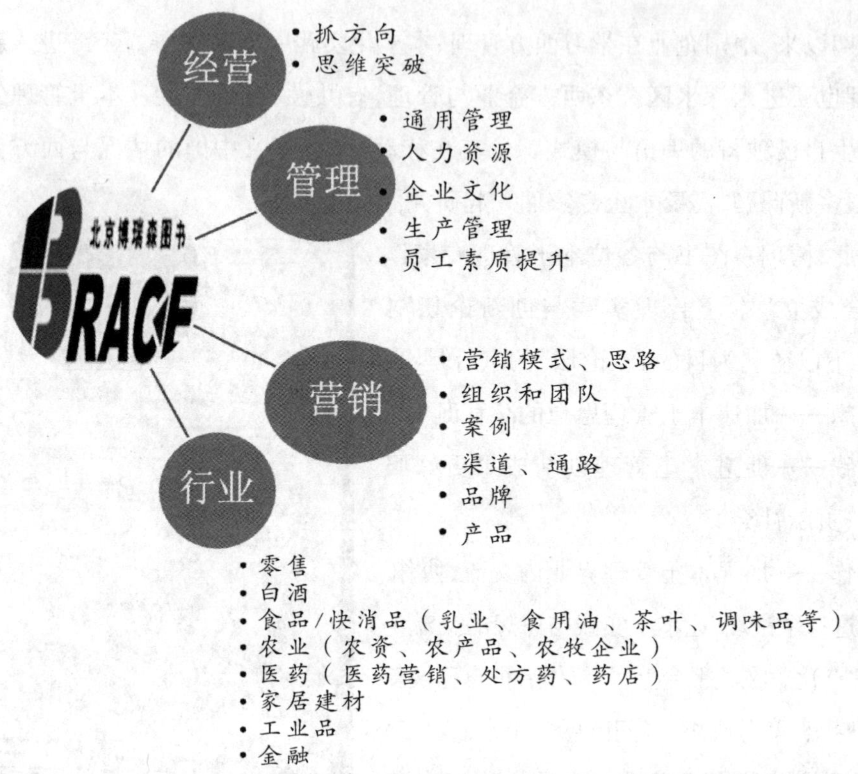

行业类：零售、白酒、食品/快消品、农业、医药、建材家居等

	书名.作者	内容/特色	读者价值
零售·超市·餐饮·服装·汽车	1. 总部有多强大,门店就能走多远 2. 超市卖场定价策略与品类管理 3. 连锁零售企业招聘与培训破解之道 4. 中国首家未来超市:解密安徽乐城 5. 三四线城市超市如何快速成长:解密甘雨亭 IBMG 国际商业管理集团 著	国内外标杆企业的经验+本土实践量化数据+操作步骤、方法	通俗易懂,行业经验丰富,宝贵的行业量化数据,关键思路和步骤
	涨价也能卖到翻 村松达夫 【日】	提升客单价的15种实用、有效的方法	日本企业在这方面非常值得学习和借鉴
	零售:把客流变成购买力 丁昀 著	如何通过不断升级产品和体验式服务来经营客流	如何进行体验营销,国外的好经营,这方面有启发
	餐饮企业经营策略第一书 吴坚 著	分别从产品、顾客、市场、盈利模式等几个方面,对现阶段餐饮企业的发展提出策略和思路	第一本专业的、高端的餐饮企业经营指导书
	赚不赚钱靠店长:从懂管理到会经营 孙彩军 著	通过生动的案例来进行剖析,注重门店管理细节方面的能力提升	帮助终端门店店长在管理门店的过程中实现经营思路的拓展与突破
	汽车配件这样卖:汽车后市场销售秘诀100条 俞士耀 著	汽配销售业务员必读,手把手教授最实用的方法,轻松得来好业绩	快速上岗,专业实效,业绩无忧
白酒	变局下的白酒企业重构 杨永华 著	帮助白酒企业从产业视角看清趋势,找准位置,实现弯道超车的书	行业内企业要减少90%,自己在什么位置,怎么做,都清楚了
	1. 白酒营销的第一本书 2. 白酒经销商的第一本书 唐江华 著	华泽集团湖南开口笑公司品牌部长,擅长酒类新品推广、新市场拓展	扎根一线,实战
	区域型白酒企业营销必胜法则 朱志明 著	为区域型白酒企业提供35条必胜法则,在竞争中赢销的葵花宝典	丰富的一线经验和深厚积累,实操实用
	10步成功运作白酒区域市场 朱志明 著	白酒区域操盘者必备,掌握区域市场运作的战略、战术、兵法	在区域市场的攻伐防守中运筹帷幄,立于不败之地
	酒业转型大时代:微酒精选2014-2015 微酒 主编	本书分为五个部分:当年大事件、那些酒业营销工具、微酒独立策划、业内大调查和十大经典案例	了解行业新动态、新观点,学习营销方法
快消品·食品	乳业营销第一书 侯军伟 著	对区域乳品企业生存发展关键性问题的梳理	唯一的区域乳业营销书,区域乳品企业一定要看
	食用油营销第一书 余盛 著	10多年油脂企业工作经验,从行业到具体实操	食用油行业第一书,当之无愧
	中国茶叶营销第一书 柏龑 著	如何跳出茶行业"大文化小产业"的困境,作者给出了自己的观察和思考	不是传统做茶的思路,而是现在商业做茶的思路
	调味品营销第一书 陈小龙 著	国内唯一一本调味品营销的书	唯一的调味品营销的书,调味品的从业者一定要看
	快消品营销人的第一本书:从入门到精通 刘雷 伯建新 著	快消行业必读书,从入门到专业	深入细致,易学易懂
	变局下的快消品营销实战策略 杨永华 著	通胀了,成本增加,如何从被动应战变成主动的"系统战"	作者对快消品行业非常熟悉、非常实战
	快消品经销商如何快速做大 杨永华 著	本书完全从实战的角度,评述现象,解析误区,揭示原理,传授方法	为转型期的经销商提供了解决思路,指出了发展方向
	一位销售经理的工作心得 蒋军 著	一线营销管理人员想提升业绩却无从下手时,可以看看这本书	一线的真实感悟
	快消品营销:一位销售经理的工作心得2 蒋军 著	快消品、食品饮料营销的经验之谈,重点图书	来源与实战的精华总结
	快消品营销与渠道管理 谭长春 著	将快消品标杆企业渠道管理的经验和方法分享出来	可口可乐、华润的一些具体的渠道管理经验,实战
	成为优秀的快消品区域经理 伯建新 著	37个"怎么办"分析区域经理的工作关键点	可以作为区域经理的'速成催化器'
	销售轨迹:一位快消品营销总监的拼搏之路 秦国伟 著	本书讲述了一个普通销售员打拼成为跨国企业营销总监的真实奋斗历程	激励人心,给广大销售员以力量和鼓舞

续表

农业	**农资营销实战全指导** 张　博　著	农资如何向“深度营销”转型,从理论到实践进行系统剖析,经验资深	朴实、使用!不可多得的农资营销实战指导
	农产品营销第一书 胡浪球　著	从农业企业战略到市场开拓、营销、品牌、模式等	来源于实践中的思考,有启发
	变局下的农牧企业发展9大策略 彭志雄　著	食品安全、纵向延伸、横向联合、品牌建设……	唯一的农牧企业经营实操的书,农牧企业一定要看
医药	**新医改下医药营销与团队管理** 史立臣　著	探讨新医改对医药行业的系列影响和医药团队管理	帮助理清思路,有一个框架
	医药营销与处方药学术推广 马宝琳　著	如何用医学策划把“平民产品”变成“明星产品”	有真货、讲真话的作者,堪称处方药营销的经典!
	新医改了,药店就要这样开 尚　锋　著	药店经营、管理、营销全攻略	有很强的实战性和可操作性
	电商来了,药店应该怎样开 尚　锋　著	电商崛起,药店该如何突围?本书从促销、会员服务、专业性、客单价等多重角度给出了指导方向	实战攻略,拿来就能用
	在中国,医药营销这样做:时代方略精选文集 段继东　主编	专注于医药营销咨询15年,将医药营销方法的精华文章合编,深入全面	可谓医药营销领域的顶尖著作,医药界读者的必读书
	OTC医药代表药店开发与维护 鄢圣安　著	要做到一名专业的医药代表,需要做什么、准备什么、知识储备、操作技巧等	医药代表药店拜访的指导手册,手把手教你快速上手
	引爆药店成交率1:店员导购实战 范月明　著	一本书解决药店导购所有难题	情景化、真实化、实战化
	引爆药店成交率2:经营落地实战 范月明　著	最接地气的经营方法全指导	揭示了药店经营的几类关键问题
建材家居	**建材家居营销实务** 程绍珊　杨鸿贵　主编	价值营销运用到建材家居,每一步都让客户增值	有自己的系统、实战
	建材家居门店销量提升 贾同领　著	店面选址、广告投放、推广助销、空间布局、生动展示、店面运营等	门店销量提升是一个系统工程,非常系统、实战
	10步成为最棒的建材家居门店店长 徐伟泽　著	实际方法易学易用,让员工能够迅速成长,成为独当一面的好店长	只要坚持这样干,一定能成为好店长
	手把手帮建材家居导购业绩倍增:成为顶尖的门店店员 熊亚柱　著	生动的表现形式,让普通人也能成为优秀的导购员,让门店业绩长红	读着有趣,用着简单,一本在手、业绩无忧
工业品	**解决方案营销实战案例** 刘祖轲　著	用10个真案例讲明白什么是工业品的解决方案式营销,实战、实用	有干货、真正操作过的才能写得出来
	变局下的工业品企业7大机遇 叶敦明　著	产业链条的整合机会、盈利模式的复制机会、营销红利的机会、工业服务商转型机会……	工业品企业还可以这样做,思维大突破
	工业品市场部实战全指导 杜　忠　著	工业品市场部经理工作内容全指导	系统、全面、有理论、有方法,帮助工业品市场部经理更快提升专业能力
	工业品营销管理实务 李洪道　著	中国特色工业品营销体系的全面深化、工业品营销管理体系优化升级	工具更实战,案例更鲜活,内容更深化
	工业品企业如何做品牌 张东利　著	为工业品企业提供最全面的品牌建设思路	有策略、有方法、有思路、有工具
	一本书读懂工业4.0 丁兴良　编著	没有枯燥的理论和说教,用朴实直白的语言告诉你工业4.0的全貌	工业4.0是什么?本书告诉你答案

续表

金融	交易心理分析 (美)马克·道格拉斯　著 刘真如　译	作者一语道破赢家的思考方式,并提供了具体的训练方法	不愧是投资心理的第一书,绝对经典
	精品银行管理之道 崔海鹏　何　屹　主编	中小银行转型的实战经验总结	中小银行的教材很多,实战类的书很少,可以看看
	支付战争 Eric M. Jackson　著 徐　彬　王　晓　译	PayPal 创业期营销官,亲身讲述 PayPal 从诞生到壮大到成功出售的整个历史	激烈、有趣的内幕商战故事!了解美国支付市场的风云巨变
房地产	产业园区/产业地产规划、招商、运营实战 阎立忠　著	目前中国第一本系统解读产业园区和产业地产建设运营的实战宝典	从认知、策划、招商到运营全面了解地产策划
	人文商业地产策划 戴欣明　著	城市与商业地产战略定位的关键是不可复制性,要发现独一无二的"味道"	突破千城一面的策划困局

经营类:企业如何赚钱,如何抓机会,如何突破,如何"开源"

	书名.作者	内容/特色	读者价值
抓方向	让经营回归简单.升级版 宋新宇　著	化繁为简抓住经营本质:战略、客户、产品、员工、成长	经典,做企业就这几个关键点!
	企业由小到大要过哪些坎 卢　强　著	老板手里的一张"企业成长路线图"	现在我在哪儿,未来还要走哪些路,都清楚了
	企业二次创业成功路线图 夏惊鸣　著	企业曾经抓住机会成功了,但下一步该怎么办?	企业怎样获得第二次成功,心里有个大框架了
	老板经理人双赢之道 陈　明　著	经理人怎养选平台、怎么开局,老板怎样选/育/用/留	老板生闷气,经理人牢骚大,这次知道该怎么办了
	简单思考:AMT 咨询创始人自述 孔祥云　著	著名咨询公司(AMT)的 CEO 创业历程中点点滴滴的经验与思考	每一位咨询人,每一位创业者和管理经营者,都值得一读
	企业文化的逻辑 王祥伍　黄健江　著	为什么企业绩效如此不同,解开绩效背后的文化密码	少有的深刻,有品质,读起来很流畅
	使命驱动企业成长 高可为　著	钱能让一个人今天努力,使命能让一群人长期努力	对于想做事业的人,'使命'是绕不过去的
思维突破	移动互联新玩法:未来商业的格局和趋势 史贤龙　著	传统商业、电商、移动互联,三个世界并存,这种新格局的玩法一定要懂	看清热点的本质,把握行业先机,一本书搞定移动互联网
	画出公司的互联网进化路线图:用互联网思维重塑产品、客户和价值 李　蓓　著	18 个问题帮助企业一步步梳理出互联网转型思路	思路清晰、案例丰富,非常有启发性
	重生战略:移动互联网和大数据时代的转型法则 沈　拓　著	在移动互联网和大数据时代,传统企业转型如同生命体打算与再造,称之为"重生战略"	帮助企业认清移动互联网环境下的变化和应对之道
	创造增量市场:传统企业互联网转型之道 刘红明　著	传统企业需要用互联网思维去创造增量,而不是用电子商务去转移传统业务的存量	教你怎么在"互联网+"的海洋中创造实实在在的增量
	7 个转变,让公司 3 年胜出 李　蓓　著	消费者主权时代,企业该怎么办	这就是互联网思维,老板有能这样想,肯定倒不了
	跳出同质思维,从跟随到领先 郭　剑　著	66 个精彩案例剖析,帮助老板突破行业长期思维惯性	做企业竟然有这么多玩法,开眼界
	麻烦就是需求　难题就是商机 卢根鑫　著	如何借助客户的眼睛发现商机	什么是真商机,怎么判断、怎么抓,有借鉴

续表

管理类:效率如何提升,如何实现经营目标,如何"节流"			
	书名.作者	内容/特色	读者价值
通用管理	1. 让管理回归简单.升级版 2. 让经营回归简单.升级版 3. 让用人回归简单 宋新宇 著	宋博士的"简单"三部曲,影响20万读者,非常经典	被读者热情地称作"中小企业的管理圣经"
通用管理	边干边学做老板 黄中强 著	创业20多年的老板,有经验、能写、又愿意分享,这样的书很少	处处共鸣,帮助中小企业老板少走弯路
通用管理	阿米巴经营的中国模式 李志华 著	让员工从"要我干"到"我要干",价值量化出来	阿米巴在企业如何落地,明白思路了
通用管理	欧博心法:好管理靠修行 曾 伟 著	用佛家的智慧,深刻剖析管理问题,见解独到	如果真的有'中国式管理',曾老师是其中标志性人物
流程管理	1. 用流程解放管理者 2. 用流程解放管理者2 张国祥 著	中小企业阅读的流程管理、企业规范化的书	通俗易懂,理论和实践的结合恰到好处
流程管理	跟我们学建流程体系 陈立云 著	畅销书《跟我们学做流程管理》系列,更实操,更细致,更深入	更多地分享实践,分享感悟,从实践总结出来的方法论
战略落地	公司大了怎么管:从靠英雄到靠组织 AMT金国华 著	第一次详尽阐释中国快速成长型企业的特点、问题及解决之道	帮助快速成长型企业领导及管理团队理清思路,突破瓶颈
战略落地	低效会议怎么改:每年节省一半会议成本的秘密 AMT王玉荣 著	教你如何系统规划公司的各级会议,一本工具书	教会你科学管理会议的办法
战略落地	年初订计划,年尾有结果:战略落地七步成诗 AMT郭晓 著	7个步骤教会你怎么让公司制定的战略转变为行动	系统规划,有效指导计划实现
企业案例·老板传记	宗:一位制造业企业家的思考 杨 涛 著	1993年创业,引领企业平稳发展20多年,分享独到的心得体会	难得的一本老板分享经验的书
企业案例·老板传记	简单思考:AMT咨询创始人自述 孔祥云 著	著名咨询公司(AMT)的CEO创业历程中点点滴滴的经验与思考	每一位咨询人,每一位创业者和管理经营者,都值得一读
企业案例·老板传记	六个核桃凭什么:从0到150亿 张学军 著	首部全面揭秘养元六个核桃裂变式成长的巨著	学习优秀企业的成长路径,了解其背后的理论体系
企业案例·老板传记	三四线城市超市如何快速成长:解密甘雨亭 IBMG国际商业管理集团 著	国内外标杆企业的经验+本土实践量化数据+操作步骤、方法	通俗易懂,行业经验丰富,宝贵的行业量化数据,关键思路和步骤
企业案例·老板传记	中国首家未来超市:解密安徽乐城 IBMG国际商业管理集团 著	本书深入挖掘了安徽乐城超市的试验案例,为零售企业未来的发展提供了一条可借鉴之路	通俗易懂,行业经验丰富,宝贵的行业量化数据,关键思路和步骤
人力资源	回归本源看绩效 孙 波 著	让绩效回顾"改进工具"的本源,真正为企业所用	确实是来源于实践的思考,有共鸣
人力资源	曹子祥教你做绩效管理 曹子祥 著	复杂的理论通俗化,专业的知识简单化,企业绩效管理共性问题的解决方案	轻松掌握绩效管理
人力资源	把招聘做到极致 远 鸣 著	作为世界500强高级招聘经理,作者数十年招聘经验的总结分享	带来职场思考境界的提升和具体招聘方法的学习
人力资源	人才评价中心.超级漫画版 邢 雷 著	专业的主题,漫画的形式,只此一本	没想到一本专业的书,能写成这效果

续表

人力资源	走出薪酬管理误区 全怀周　著	剖析薪酬管理的8大误区，真正发挥好枢纽作用	值得企业深读的实用教案
	集团化人力资源管理实践 李小勇　著	对搭建集团化的企业很有帮助，务实，实用	最大的亮点不是理论，而是结合实际的深入剖析
	我的人力资源咨询笔记 张　伟　著	管理咨询师的视角，思考企业的HR管理	通过咨询师的眼睛对比很多企业，有启发
	本土化人力资源管理8大思维 周　剑　著	成熟HR理论，在本土中小企业实践中的探索和思考	对企业的现实困境有真切体会，有启发
	HRBP是这样炼成的之"菜鸟起飞" 新　海　著	以小说的形式，具体解析HRBP的职责，应该如何操作，如何为业务服务	实践者的经验分享，内容实务具体，形式有趣
企业文化	华夏基石方法：企业文化落地本土实践 王祥伍　谭俊峰　著	十年积累、原创方法、一线资料，和盘托出	在文化落地方面真正有洞察，有实操价值的书
	企业文化的逻辑 王祥伍　著	为什么企业之间如此不同，解开绩效背后的文化密码	少有的深刻，有品质，读起来很流畅
	企业文化激活沟通 宋杼宸　安　琪　著	透过新任HR总经理的眼睛，揭示出沟通与企业文化的关系	有实际指导作用的文化落地读本
	在组织中绽放自我：从专业化到职业化 朱仁健　王祥伍　著	个人如何融入组织，组织如何助力个人成长	帮助企业员工快速认同并投入到组织中去，为企业发展贡献力量
生产管理	高员工流失率下的精益生产 余伟辉　著	中国的精益生产必须面对和解决高员工流失率问题	确实来源于本土的工厂车间，很务实
	车间人员管理那些事儿 岑立聪　著	车间人员管理中处理各种"疑难杂症"的经验和方法	基层车间管理者最闹心、头疼的事，'打包'解决
	1. 欧博心法：好管理靠修行 2. 欧博心法：好工厂这样管 曾　伟　著	他是本土最大的制造业管理咨询机构创始人，他从400多个项目、上万家企业实践中锤炼出的欧博心法	中小制造型企业，一定会有很强的共鸣
	欧博工厂案例1：生产计划管控对话录 欧博工厂案例2：品质技术改善对话录 欧博工厂案例3：员工执行力提升对话录 曾　伟　著	最典型的问题、最详尽的解析，工厂管理9大问题27个经典案例	没想到说得这么细，超出想象，案例很典型，照搬都可以了
	苦中得乐：管理者的第一堂必修课 曾　伟　编著	曾伟与师傅大愿法师的对话，佛学与管理实践的碰撞，管理禅的修行之道	用佛学最高智慧看透管理
	比日本工厂更高效1：管理提升无极限 刘承元　著	指出制造型企业管理的六大积弊；颠覆流行的错误认知；掌握精益管理的精髓	每一个企业都有自己不同的问题，管理没有一剑封喉的秘笈，要从现场、现物、现实出发
	比日本工厂更高效2：超强经营力 刘承元　著	企业要获得持续盈利，就要开源和节流，即实现销售最大化，费用最小化	掌握提升工厂效率的全新方法
	比日本工厂更高效3：精益改善力的成功实践 刘承元　著	工厂全面改善系统有其独特的目的取向特征，着眼于企业经营体质（持续竞争力）的建设与提升	用持续改善力来飞速提升工厂的效率，高效率能够带来意想不到的高效益

续表

员工素质提升	**跟老板"偷师"学创业** 吴江萍　余晓雷　著	边学边干，边观察边成长，你也可以当老板	不同于其他类型的创业书，让你在工作中积累创业经验，一举成功
	销售轨迹：一位快消品营销总监的拼搏之路 秦国伟　著	本书讲述了一个普通销售员打拼成为跨国企业营销总监的真实奋斗历程	激励人心，给广大销售员以力量和鼓舞
	在组织中绽放自我：从专业化到职业化 朱仁健　王祥伍　著	个人如何融入组织，组织如何助力个人成长	帮助企业员工快速认同并投入到组织中去，为企业发展贡献力量
	企业员工弟子规：用心做小事，成就大事业 贾同领　著	从传统文化《弟子规》中学习企业中为人处事的办法，从自身做起	点滴小事，修养自身，从自身的改善得到事业的提升

营销类：把客户需求融入企业各环节，提供"客户认为"有价值的东西

	书名．作者	内容/特色	读者价值
营销模式	**变局下的营销模式升级** 程绍珊　叶　宁　著	客户驱动模式、技术驱动模式、资源驱动模式	很多行业的营销模式被颠覆，调整的思路有了！
	卖轮子 科克斯【美】	小说版的营销学！营销理念巧妙贯穿其中，贵在既有趣，又有深度	经典、有趣！一个故事读懂营销精髓
	弱势品牌如何做营销 李政权　著	中小企业虽有品牌但没名气，营销照样能做的有声有色	没有丰富的实操经验，写不出这么具体、详实的案例和步骤，很有启发
	老板如何管营销 史贤龙　著	高段位营销16招，好学好用	老板能看，营销人也能看
	动销：产品是如何畅销起来的 吴江萍　余晓雷　著	真真切切告诉你，产品究竟怎么才能卖出去	击中痛点，提供方法，你值得拥有
组织和团队	**升级你的营销组织** 程绍珊　吴越舟　著	用"有机性"的营销组织替代"营销能人"，营销团队变成"铁营盘"	营销队伍最难管，程老师不愧是营销第1操盘手，步骤方法都很成熟
	用数字解放营销人 黄润霖　著	通过量化帮助营销人员提高工作效率	作者很用心，很好的常备工具书
	成为优秀的快消品区域经理 伯建新　著	37个"怎么办"分析区域经理的工作关键点	可以作为区域经理的'速成催化器'
	一位销售经理的工作心得 蒋　军　著	一线营销管理人员想提升业绩却无从下手时，可以看看这本书	一线的真实感悟
	快消品营销：一位销售经理的工作心得2 蒋　军　著	快消品、食品饮料营销的经验之谈，重点突出	来源于实战的精华总结
	销售轨迹：一位快消品营销总监的拼搏之路 秦国伟　著	本书讲述了一个普通销售员打拼成为跨国企业营销总监的真实奋斗历程	激励人心，给广大销售员以力量和鼓舞
	用营销计划锁定胜局：用数字解放营销人2 黄润霖　著	全方位教你怎么做好营销计划，好学好用真简单	照搬套用就行，做营销计划再也不头痛
	快消品营销人的第一本书：从入门到精通 刘　雷　伯建新　著	快消行业必读书，从入门到专业	深入细致，易学易懂
营销案例	**解决方案营销实战案例** 刘祖轲　著	用10个真案例讲明白什么是工业品的解决方案式营销，实战、实用	有干货、真正操作过的才能写得出来
	招招见销量的营销常识 刘文新　著	如何让每一个营销动作都直指销量	适合中小企业，看了就能用

续表

营销案例	我们的营销真案例 联纵智达研究院 著	五芳斋粽子从区域到全国/诺贝尔瓷砖门店销量提升/利豪家具出口转内销/汤臣倍健的营销模式	选择的案例都很有代表性,实在、实操!
	中国营销战实录:令人拍案叫绝的营销真案例 联纵智达 著	51个案例,42家企业,38万字,18年,累计2000余人次参与……	最真实的营销案例,全是一线记录,开阔眼界
	双剑破局:沈坤营销策划案例集 沈 坤 著	双剑公司多年来的精选案例解析集,阐述了项目策划中每一个营销策略的诞生过程,策划角度和方法	一线真实案例,与众不同的策划角度令人拍案叫绝、受益匪浅
产品	产品炼金术Ⅰ:如何打造畅销产品 史贤龙 著	满足不同阶段、不同体量、不同行业企业对产品的完整需求	必须具备的思维和方法,避免在产品问题上走弯路
	产品炼金术Ⅱ:如何用产品驱动企业成长 史贤龙 著	做好产品、关注产品的品质,就是企业成功的第一步	必须具备的思维和方法,避免在产品问题上走弯路
	新产品开发管理,就用IPD 郭富才 著	10年IPD研发管理咨询总结,国内首部IPD专业著作	一本书掌握IPD管理精髓
品牌	中小企业如何建品牌 梁小平 著	中小企业建品牌的入门读本,通俗、易懂	对建品牌有了一个整体框架
	采纳方法:破解本土营销8大难题 朱玉童 编著	全面、系统、案例丰富、图文并茂	希望在品牌营销方面有所突破的人,应该看看
	中国品牌营销十三战法 朱玉童 编著	采纳20年来的品牌策划方法,同时配有大量的案例	众包方式写作,丰富案例给人启发,极具价值
渠道通路	快消品营销与渠道管理 谭长春 著	将快消品标杆企业渠道管理的经验和方法分享出来	可口可乐、华润的一些具体的渠道管理经验,实战
	传统行业如何用网络拿订单 张 进 著	给老板看的第一本网络营销书	适合不懂网络技术的经营决策者看
	采纳方法:化解渠道冲突 朱玉童 编著	系统剖析渠道冲突,21个渠道冲突案例、情景式讲解,37篇讲义	系统、全面
	学话术 卖产品 张小虎 著	分析常见的顾客异议,将优秀的话术模块化	让普通导购员也能成为销售精英
	销售:如何与客户高层打交道 贺兵一 著	一套完整有效的销售策略	有工具,有方法,有案例,通俗易懂
	通路精耕操作全解:快消品20年实战精华 周 俊 陈小龙 著	通路精耕的详细全解,每一步的具体操作方法和表单全部无保留提供	康师傅二十年的经验和精华,实践证明的最有效方法,教你如何主宰通路

思想·文化:把客户需求融入企业各环节,提供“客户认为”有价值的东西

	书名.作者	内容/特色	读者价值
思想·文化	史幼波中庸讲记(上下册) 史幼波 著述	全面、深入浅出地揭示儒家中庸文化的真谛	儒释道三家思想融汇贯通
	史幼波心经讲记(上下册) 史幼波 著述	句句精讲,句句透彻,佛法经典的多角度阐释	通俗易懂,将深刻的教理以浅显的语言讲出来
	史幼波大学讲记 史幼波 著述	用儒释道的观点阐释大学的深刻思想	一本书读懂传统文化经典